AF465488

ESSAI

SUR LA

QUESTION COLONIALE

A LA

GUYANE FRANÇAISE

DE L'IMPRIMERIE DE CRAPELET
RUE DE VAUGIRARD, 9

ESSAI

SUR LA

QUESTION COLONIALE

A LA GUYANE FRANÇAISE

PAR

C.-F.-G. DEJEAN

PROPRIÉTAIRE

CONCLUSION.

Il faut entrer dans la voie de l'immigration ou abandonner le pays.

PARIS

LIBRAIRIE J. J. DUBOCHET, LE CHEVALIER ET Cie

RUE RICHELIEU, 60

—

1848

ESSAI

SUR LA

QUESTION COLONIALE

A LA GUYANE FRANÇAISE.

A CEUX QUI S'INTÉRESSENT AU DÉVELOPPEMENT DU SYSTÈME COLONIAL.

Je n'aurais jamais songé à mettre par écrit ces notes sur la Guyane, si je n'y avais été amené par les entretiens sérieux que j'ai eu occasion d'avoir avec un homme d'un esprit éminent, qui a sur le pays, sur ses besoins, sur ses ressources, des notions exactes, et qui, comme tous ceux qui le connaissent, comprend qu'il est perdu sans retour, si l'on n'adopte à son égard des mesures promptes et énergiques. J'ai voulu, dans ces notes, me rendre compte de sa situation; j'ai voulu rechercher dans quelles conditions il se trouvait pour exister, se développer et recevoir l'émancipation, et je suis resté convaincu que, si l'on ne s'occupe pas d'augmenter sa population, sa ruine est inévitable et prochaine. Je suis, en outre, resté convaincu que, si l'on n'organise pas l'immigration, l'émancipation n'est pas possible, en ce sens qu'elle ne saurait produire aucun bien, même dans l'intérêt de la population à affranchir.

Ainsi, suivant moi, la solution d'un double problème doit se poursuivre simultanément à la Guyane : celui de la colonisation et celui de l'émancipation, par le moyen de travailleurs recrutés au dehors. Il y a, entre ces deux problèmes, connexion, intimité, solidarité, et il est impossible de les envisager séparément.

Mais, en cette matière, peut-on se permettre de manifester encore ses convictions ?

Au moment, en effet, où la question sur l'abolition de l'esclavage vient de s'agiter si vive, si ardente, si impitoyable pour les colonies; au moment où des pétitions qui demandent l'affranchissement immédiat et sans indemnité viennent d'être accueillies par un entraînement passionné outre mesure; au moment où, à la suite de ces débats et de ces manifestations, on décrète de par la loi que les colons en masse sont hors la loi, n'y a-t-il pas quelque témérité à examiner si une de nos colonies, la Guyane, peut accepter l'émancipation purement, simplement et sans condition? N'y a-t-il pas aussi quelque simplicité à le faire, lorsque se livrer à cet examen suppose nécessairement qu'il existe en France quelque sympathie pour les divers intérêts qu'embrasse le système colonial? Or, qui s'en préoccupe? Qui a souci de nos possessions, et surtout de la Guyane? Le gouvernement, qui a mission de prendre l'initiative, qu'a-t-il fait et que fait-il? Ses efforts insuffisants et surtout mal dirigés n'ont abouti, en près de deux siècles, qu'à verser sur cette immense contrée une population de 20 à 23 000 individus. Les masses sont indifférentes, et les corps constitués, absorbés par une politique locale, mesquine, sont trop oublieux des intérêts généraux pour provoquer et stimuler l'action du pouvoir et lui donner une impulsion salutaire. Personne ne pousse à l'œuvre de la colonisation, et cependant la France veut être une puissance industrielle, commerciale et maritime. Je ne sais pas quel est le génie malfaisant qui préside aux destinées coloniales, mais il est certain que tout les pousse dans une voie fatale, dans une voie désastreuse. Ce n'est pas seulement de l'apathie et de l'insouciance qu'il y a dans les esprits, mais encore de la répulsion; et ce sentiment, qu'il soit feint ou réel, qu'il soit le résultat de la spontanéité ou d'une politique calculée, se manifeste avec explosion, avec fureur, il faut le dire, en toutes circonstances.

Quelques faits malheureux dont on a pu parler parce qu'ils ont été l'objet d'informations judiciaires, se sont merveilleusement prêtés aux exagérations. Habilement exploités à surexciter au dernier degré tout ce que le cœur humain renferme de sympathique pour les misères de notre espèce et à produire un grand effet, le but a été atteint et le triomphe complet. Cependant, en admettant qu'on ait pu réellement signaler quelques actes déplorables, quelques actes d'une extravagante barbarie, et qu'un châtiment légitime n'ait pas atteint les coupables, qu'en conclure? Faut-il dire pour cela que l'état normal de la société coloniale est le crime et l'impunité, que les colons sont inhumains et injustes par essence, qu'ils sont tous complices et solidaires du mal qui se fait? Faut-il dire qu'ils ne peuvent être revêtus d'aucune fonction de judicature, comme magistrats ou assesseurs, parce que, maîtres d'esclaves, ils ne peuvent être impartiaux et avoir leur libre arbitre pour juger des esclaves? Mais faut-il répéter sans cesse, car, pour être répétée, la vérité n'en est pas moins la vérité; faut-il répéter qu'argumenter ainsi c'est faire le procès à tout ordre social, aux civilisations les plus avancées, comme aux civilisations les plus arriérées; aux sociétés métropolitaines, comme aux sociétés coloniales? Ne voyons-nous pas, en effet, dans les États les mieux constitués, en France même, des énormités de toute espèce se produire; des actes atroces qui épouvantent l'humanité, comme des verdicts scandaleux que réprouve le sentiment public? N'y voyons-nous pas aussi la classe des propriétaires investis, comme magistrats, ou assesseurs, du pouvoir de juger à l'exclusion des prolétaires? Est-ce que ceux-ci se trouvent représentés parmi leurs juges? Est-ce que, dans tous les temps et dans tous les lieux, l'autorité judiciaire ne s'est pas concentrée, en fait, entre les mains de ceux qui sont en possession des forces sociales? Est-ce que nulle part, n'importe sous quel régime, dans les États libres ou dans les États à esclaves, on a jamais songé à confier le soin de défendre la propriété et les institutions qui la consacrent et la garantissent à ceux qui n'ont que leurs bras pour richesse, et qui sont le moins intéressés à maintenir l'harmonie d'une combinaison sociale qui fait leur part si minime dans la somme totale du bien-être? Est-ce que, à toutes les époques, dans tous les systèmes, la classe privilégiée qui a le pouvoir, et qui a intérêt à conserver un ordre de choses qui lui attribue la plus large part, ne dépasse pas parfois et surtout dans les crises la limite de ce qui est juste et raisonnable? Est-ce que partout, dans ces crises, il ne lui arrive pas de se montrer plus ou moins sévère dans la répression, plus ou moins indulgente dans l'absolution, suivant que les délits se produisent en faveur ou contre son principe? C'est là ce qui a été, ce qui est, et ce qui sera longtemps encore, tant que des hommes ayant des passions seront réunis, et qu'on n'aura pas trouvé le moyen d'établir un équilibre parfait entre les sentiments et les intérêts divers qui s'agitent nécessairement dans la vie sociale.

Que prouve donc, en définitive, tout ce qu'on peut remarquer d'anormal dans la société coloniale? Cela prouve que le mal est sur la terre. Mais de même qu'il n'est au pouvoir de personne de faire qu'il n'y soit pas, de même il n'est au pouvoir de personne de le faire disparaître instantanément. Tout ce que peuvent se promettre nos efforts, c'est de corriger les imperfections humaines dans les institutions comme dans l'homme. Plus les constitutions sont parfaites, moins les froissements et les exagérations sont sensibles, fréquents, prononcés. Ces constitutions sont évidemment celles où les droits sont le moins contestés, les inégalités le moins tranchées, les intérêts le plus homogènes, et, pour tout dire en peu de mots, ce sont celles où l'individualité tout entière trouve le plus de protection et de garantie. Or, à ce titre, il est certain que le régime de l'esclavage est le régime qui s'éloigne le plus des bonnes conditions et offre le plus de prise aux abus; et, bien qu'un grand progrès se soit accompli, depuis vingt ans surtout, progrès dû principalement à la génération actuelle, qui, élevée en grande partie dans la métropole, en a importé les principes, les idées, les mœurs et en a fait l'application, il n'en est pas moins vrai que, de toutes les sociétés, la société coloniale est celle qui est assise sur les bases les plus défectueuses et qui exige le plus impérieusement des modifications. Mais si la justice et la raison s'accordent pour recommander des améliorations, l'expérience des siècles dit aussi que les améliorations réelles ne s'improvisent pas et ne s'obtiennent qu'à la longue.

Aussi point de difficulté sur la nécessité d'une réforme, et tous les bons esprits la reconnaissent indispensable. Mais comment l'opérer ; dans quel temps, dans quelles conditions et par quels moyens ? Sur ces points les opinions divergent, et les réformateurs se partagent en deux camps : les uns, théoriciens fanatiques, passionnés surtout pour les principes, veulent avant tout et à tout prix l'abolition de l'esclavage, sans prendre aucun souci de ce que deviendront les colonies ; les autres, moins enthousiastes d'abstractions que de réalités, poursuivent le même but, mais au point de vue pratique et en tenant compte des divers intérêts que pourrait compromettre une émancipation imprévoyante et sans condition ; les colons sont au nombre de ces derniers. Fortement engagés dans la question, puisque leur fortune s'y trouve compromise, ils cherchent les améliorations possibles, désirent que les mesures à prendre réalisent un bien véritable, et ne considèrent pas comme un progrès tout changement, surtout si ce changement n'est qu'un déplacement d'abus et d'influences, et si, au lieu de fortifier l'ordre social, il n'apporte avec lui que la désorganisation, l'anarchie, la cessation du travail, la ruine de tous les intérêts et l'anéantissement des colonies. Mais, dépendants par position, les colons n'ont pas la direction de leurs affaires. — Toute réforme, en effet, s'accomplit ou dans un État indépendant, existant par lui-même et dont la constitution est une et régit les diverses parties du territoire, ou dans un État dépendant, subordonné, comme le sont les colonies. Dans le premier cas, l'action de la société s'exerce sur elle-même, tandis que, dans le second, l'impulsion vient du dehors. Or, dans ces deux cas, cette action, soit du pays sur lui-même, soit de la métropole sur ses dépendances, peut être violente ou pacifique, inintelligente ou rationnelle. Faut-il brusquer le passage? faut-il imposer brutalement à la société coloniale la civilisation de la société européenne sans transition, sans ménagement, et au mépris de l'immensité qui sépare leurs principes, leurs mœurs, leur climat, leur territoire, et en général le milieu dans lequel elles vivent?

Si les colons étaient consultés et pouvaient faire prévaloir leurs convictions, ils conseilleraient de marcher par une pente douce, graduée, méthodique. Mais obligés de céder à une force extérieure, ils sont non-seulement sans puissance mais sans influence; leur voix est suspecte et n'est pas écoutée. La prépondérance est entre les mains de leurs adversaires de toute nuance, qui ont intérêt à les tuer à tout prix, et qui, maîtres de la situation, paraissent disposés à user largement de la victoire, à pousser les choses à outrance et à adopter pour devise *vœ victis*... point de pitié pour la race maudite des colons. Tel est, si je ne me trompe, le cri des impatients, et d'une philanthropie plus spéculative que pratique.

Il faut le dire, pour être juste : ce n'est pas le gouvernement qui le premier a précipité, outre mesure, le mouvement de la réforme. Mais de quelque côté que vienne le mal, le char n'en est pas moins lancé, et il est impossible de prévoir où il nous conduira; car je le vois abandonné à lui-même, sans frein, sans guide, et sans une main ferme qui le dirige. Si on ne peut reprocher au pouvoir de donner une impulsion violente, on peut lui reprocher, avec raison, de se laisser aller trop facilement au courant, sans chercher à le maîtriser et à le maintenir dans de justes limites; on peut lui reprocher d'abandonner la direction, de faire des concessions à tout propos sans motifs sérieux; on peut lui reprocher de ne pas savoir résister à des exigences injustes et de ne pas défendre, avec assez d'autorité et de fermeté, ses principes, sa politique, qui est, sans doute, incomplète, insuffisante vis-à-vis de la Guyane, mais qui est peut-être sage à l'égard des autres colonies [1]. Serions-nous abandonnés de tous, et, comme le disait dernièrement un organe de la presse, la cause coloniale serait-elle maudite? Je comprends qu'on crie anathème contre l'esclavage; mais je ne comprends pas qu'on proscrive,

[1] Dans les colonies qui ont une population suffisante, la politique qui tendrait à émanciper partiellement et graduellement au moyen d'une loi sur le rachat forcé, surtout si cette loi présentait des garanties à la société, en imposant à celui qui voudrait s'affranchir, comme condition de rachat, le travail ou toute autre cause légitime constatée, serait, à mon sens, une politique sage et qui devrait être acceptée franchement par tous les colons amis d'un progrès réel.

en masse, les institutions, les individus et les droits nés, acquis et développés sous l'empire des lois. Serait-il vrai, comme le disait encore un autre journal, que les colonies sont le bouc émissaire du moment ; qu'elles sont destinées à être offertes en victimes expiatoires , et à être jetées en pâture aux partis pour assouvir leurs appétits? Tout semblerait l'indiquer, et déjà des actes trop significatifs témoignent de ce qui est réservé aux colonies et à tout ce qui porte le nom de colon. Au milieu de ce discrédit, au milieu de cette défaveur, l'esprit le plus ferme, le plus optimiste, le plus conciliant, se sent découragé. Mais, tant que nous sommes encore debout, tant que le sacrifice n'est pas entièrement consommé, il est du devoir de tous ceux qui savent combien il importe à la France de conserver et de développer nos possessions , de manifester hautement ce qu'ils croient utile, juste et raisonnable.

C'est animé de cet esprit, quelque peu rassurant que soit l'avenir et quelque faible que soit ma voix, que je me permettrai de dire quelques mots sur une colonie que j'ai habitée longtemps, la Guyane. Je dirai ma pensée tout entière sur cette contrée qui a été beaucoup trop négligée, qui mérite cependant à tous égards d'attirer l'attention de la France, et qui m'intéresse à plus d'un titre, car j'y ai bien des relations, de nombreux amis et la presque totalité de ma fortune.

En présentant mes idées et mes impressions, je n'ai pas la prétention de donner rien de neuf : je n'ai pour moi que mes intentions, et j'ai cru qu'il pouvait être utile, avant d'entrer dans les questions de détail et de spécialité, de résumer en quelques lignes, dans un tableau succinct, l'ensemble des difficultés auxquelles doit donner naissance dans ce pays la solution solidaire et simultanée du double problème de la colonisation et de l'émancipation [1]. Il ne faut pas se le dissimuler, les obstacles à vaincre, pour résoudre ce double problème, sont nombreux et presque insurmontables dans les circonstances où nous nous trouvons. Aussi, je l'avoue, malgré la confiance que je m'efforce de faire naître en moi-même, je ne

[1] Ces notes sont, en quelque sorte, l'avant-propos pour entrer en matière, et se mettre à même d'apprécier, à leur véritable point de vue, les actes de réforme.

puis pas m'empêcher de craindre que cette tâche ne soit jamais remplie.

Si cependant, contre toute attente, par un de ces coups du ciel sur lesquels on ne peut guère compter, une résolution bien ferme, bien arrêtée, était prise de mettre en valeur cette belle possession intertropicale, je serais heureux d'avoir porté mon léger tribut à cette œuvre, qui, pour être amenée à bien, exige le concours de tous, mais qui exige surtout, de la part du gouvernement, les efforts combinés de sa volonté, de son intelligence et de son action.

CONSIDÉRATIONS GÉNÉRALES.

Nous avons, à la Guyane, un immense territoire à coloniser, qui pourrait remplacer Saint-Domingue et tout ce que nous avons perdu. C'est, sans contredit, après l'Algérie, ce que la France possède de plus important, en dehors du continent européen. Mais jusqu'à ce jour, cette vaste et fertile contrée est restée improductive entre nos mains. Il serait temps, enfin, de fouiller dans ce sol encore vierge, et de demander à cette nature vigoureuse les richesses qu'elle renferme et qui demeurent inutilement enfouies dans son sein.

Sur tous les points du globe, chez les peuples aux vieilles institutions, comme chez les peuples aux institutions nouvelles; dans les métropoles, comme dans les colonies, partout la société est en travail. L'activité humaine bouillonne, et déborde de toute part pour s'élancer vers l'avenir. Dans cette fermentation, dans ce mouvement général des esprits, la science de la production ne reste pas en arrière. On dirait même, à ses brillants succès, qu'elle aspire à gouverner le monde, et qu'elle veut matérialiser le siècle. Mais qu'on se rassure ; ce triomphe n'est qu'apparent, et si, à travers cet éclair qui nous éblouit, nous pouvons contempler les merveilles de l'industrie et ses réalités, nous pouvons voir aussi le génie de l'humanité, planant au-dessus, conduire les générations successives vers leur véritable destinée, et leur assigner constamment à chacune un but moral à atteindre. C'est qu'en effet si, dans la longue série des siècles, le monde physique accomplit une fonction, il ne l'accomplit que sous la direction puissante d'une force et d'une autorité supérieures qui l'assujettissent, en donnant l'impulsion à la matière et la réglant dans sa marche. Ainsi ne craignons donc pas de lui voir prodiguer ses richesses; qu'il ne se lasse pas de verser ses trésors, et qu'il continue, dans sa sphère, à pousser l'humanité de développement en développement.

Donnons donc à chacun ce qui lui revient légitimement, si nous voulons qu'un juste équilibre se maintienne, et reconnaissons que, si le monde matériel est subordonné au monde moral, il a aussi sa place et qu'il est indispensable de faire sa part.

Partout, chez nous comme chez nos voisins, l'industrie prend un essor immense, et les nations, à l'envi les unes des autres, se jettent dans la voie des améliorations. C'est un spectacle imposant et à la gloire des sociétés modernes que de voir tous les gouvernements, presque sans exception, se préoccuper avec la plus bienveillante sollicitude du bien-être matériel des masses, et n'épargner aucun sacrifice pour le réaliser. — Ce concours de vues vers un même but amène nécessairement et complication et conflit dans les relations et les intérêts des peuples : c'est la guerre des nations pendant la paix; c'est une autre genre de lutte qui excite et développe l'émulation dans les individus comme dans les masses, et les force à multiplier leurs efforts pour répondre aux exigences nouvelles. Subissons l'influence de l'époque, et que les colonies, à l'exemple des métropoles, se réveillent et se mettent en marche. Il ne leur est plus permis de rester stationnaires, et c'est en vain qu'elles voudraient résister à l'élan progressif qui se manifeste autour d'elles.

C'est à nous surtout, colons de la Guyane, qu'il appartient de prendre l'initiative, car pour nous, le repos, l'immobilité n'est pas possible, et chaque moment de retard est un pas vers la tombe. Que, dans cette voie, le gouvernement nous prête un généreux appui, et qu'il vienne à notre aide pour féconder les principes de vie qui sont en nous. Il nous le doit; il le doit à la France, qui peut légitimement compter sur ceux qui président à sa destinée pour développer tout ce qui tend à augmenter son bien-être.

Un fait incontestable, c'est que nous avons besoin de développer notre système colonial, pour multiplier nos moyens d'échange, ouvrir des débouchés à nos produits et fournir un aliment à notre commerce et à notre marine. Il est certain, en effet, que, dans l'état actuel des choses, ces divers intérêts réclament des marchés réservés, que nos colonies seules peuvent leur offrir. Mais la France a peu de ces marchés, et, sauf les quatre colonies principales : la Martinique, la Guadeloupe, la

Guyane[1] et Bourbon, elle n'a que quelques comptoirs qui n'ont aucune importance, ou qui n'en ont qu'une bien minime.

Il faut en excepter, toutefois, le Sénégal, où se fait le commerce de la gomme. Quant aux comptoirs de l'Inde : Pondichéry, Chandernagor, Karikal, etc., ils sont insignifiants et ne font que nous rappeler le triste souvenir de notre décadence.

Notre politique doit donc tendre à multiplier nos débouchés, à nous en créer d'exclusifs, et à développer, autant que possible, ceux qui sont dans cette dernière catégorie et qui sont susceptibles de l'être... La Guyane est dans ce cas, et peut recevoir un grand développement[2].

Nos possessions en dehors du continent européen, n'ont quelque importance qu'autant qu'elles sont : 1° ou un point militaire ; 2° ou un comptoir, c'est-à-dire un point central pour l'échange

[1] Je place Cayenne au nombre des colonies principales, non pas d'après ce qu'elle est et le débouché qu'elle fournit actuellement au commerce, mais d'après ce qu'elle pourrait être, si le gouvernement a réellement la volonté et les moyens de la développer.

[2] J'entends surtout par marchés exclusifs des marchés où dominent nos sentiments, notre langue, nos habitudes, nos goûts, et où se débitent et se consomment de préférence à tous autres nos produits métropolitains.

des produits; 3° ou une colonie purement agricole.

Dans laquelle de ces trois catégories placerons-nous la Guyane? Ce n'est certainement pas un point militaire : elle n'a pas de rivières assez profondes pour porter les vaisseaux de haut bord; les bricks et corvettes n'y pénètrent même pas; elle ne reçoit que les bâtiments marchands de moyenne grandeur, ou les petits navires de guerre. Nos flottes, nos escadres ne peuvent donc pas y stationner, et, pour cela même, elles ne peuvent ni s'y abriter, ni s'y ravitailler. Ainsi, à ce point de vue, elle est sans importance militaire.

Comme centre d'opérations, elle ne l'est pas davantage. Elle n'est pas, en effet, dans une position favorable, soit pour entraver le commerce des nations avec lesquelles nous pourrions être en guerre, soit pour protéger le commerce français. Nous sommes isolés à la Guyane, et nous n'avons de contact qu'avec le Brésil et avec la colonie hollandaise de Surinam.

Les navires qui vont dans les possessions brésiliennes, n'apparaissent jamais sur nos côtes; quant à ceux qui se rendent à Surinam, il n'y en a qu'un bien petit nombre qui viennent y atterrir; mais, comme, à peine signalés, ils disparaissent, ils sont toujours hors d'atteinte. Ainsi, dans ces parages, pas de commerce étranger à entraver; et quant à la protection à accorder au commerce français, cette protection se réduit au commerce local, qui, dans la position peu développée de la colonie, se trouve lui-même on ne peut plus restreint.

Comme centre commercial, la Guyane a encore moins d'importance; nous n'avons aucune relation avec nos voisins, et c'est à peine si, de loin en loin, nous recevons quelques goëlettes du plus faible tonnage. Encore ces expéditions ne se font-elles que pour nous apporter quelques produits étrangers, mais non pas pour prendre les nôtres. En échange des objets qu'ils nous fournissent, les Hollandais et les Brésiliens emportent notre argent. Au surplus, à supposer qu'ils fussent jamais amoureux de nos marchandises, certainement ce n'est pas à Cayenne qu'ils viendraient les chercher; ils auraient infiniment plus d'avantage à les recevoir directement.

Cayenne ne peut donc offrir quelque intérêt qu'au

point de vue agricole, et, à cet égard, je maintiens, malgré ses détracteurs, qu'il n'est pas de colonie intertropicale qui présente plus d'éléments de prospérité. Sa fertilité ne saurait être mise en doute. C'est un fait incontestable, acquis, et, s'il en est qui le nient, c'est qu'ils ont pris le parti de ne point voir et de ne pas se laisser convaincre. Avec la richesse du sol, la Guyane possède aussi un vaste territoire, propre au développement d'une grande colonie; ce que nous démontrera la simple description topographique des lieux.

D'où vient donc qu'une contrée, largement dotée par la nature, n'a reçu jusqu'à ce jour qu'un développement insignifiant, sans résultat positif, onéreux même pour la métropole; et que ce résultat, tout mauvais qu'il est, tend encore à décroître, comme nous aurons à le constater plus tard?

D'où vient que le pays végète et soit déjà en décadence avant d'être venu à la vie? d'où vient cet état de marasme qui le mine, qui, non-seulement ne lui permet pas de prospérer, mais qui le mène forcément à la tombe?

Serait-ce que jusqu'ici on a fait peu d'efforts pour le développement de la colonisation? Mais quelques mots de son histoire suffiront pour nous faire voir le contraire. D'ailleurs, quels qu'aient été ces efforts, s'ils pouvaient expliquer un développement minime, ils n'expliqueraient jamais une marche rétrograde.

Le vice capital est dans la dispersion sans mesure et sans ordre de la population, et par suite dans l'isolement des établissements ruraux.

Le mal est-il sans remède? peut-être non; mais comme il est immense, il n'est réparable qu'à la condition de l'attaquer dans sa source.

Pour vivre et pour prospérer, le pays a besoin d'être refondu; il faut qu'il soit reconstruit sur des bases nouvelles et plus rationnelles; mais, pour cette réédification comme pour l'extension qu'il importe de donner à la colonisation, les forces qu'il possède sont insuffisantes, et il faut lui en fournir; c'est pour lui la condition *sine qua non* de vivre et de se développer; c'est le seul moyen de sauver ce qui est et de créer un avenir.

Le moment est propice pour opérer cette réforme, et, puisque le temps est venu de transformer l'ordre social, que l'ordre matériel soit aussi transformé.

La colonisation, à la Guyane, n'est pas, en effet,

un fait simple, un fait isolé; car là aussi, comme dans les autres colonies, il faut satisfaire à des exigences sociales qui se manifestent; il faut émanciper; mais, à son tour, la question de l'abolition de l'esclavage, pour être résolue d'une manière utile, ne peut pas être considérée indépendamment des circonstances locales. Or, ces circonstances sont telles que, pour l'émancipation comme pour la colonisation, l'immigration est indispensable, et que, dans un cas comme dans l'autre, il faut arriver à la même conclusion.

Dans l'ordre des améliorations que réclame l'humanité pour la masse des travailleurs, le gouvernement ne saurait marcher avec trop de prudence, s'il ne veut pas tuer le présent et compromettre l'avenir. Toutes les mesures qu'il se propose d'adopter doivent être approfondies et mûries par des hommes d'une haute portée de vues, et connaissant parfaitement les choses et les *lieux* qu'il s'agit de réglementer. Ces mesures doivent porter le cachet de la saine raison, tant dans leur conception que dans leur application. Trois intérêts se trouvent engagés dans cette question de réforme; le problème à résoudre pour l'homme d'État est de les concilier, autant que faire se peut, et de donner satisfaction à tous. Question d'humanité, question d'intérêt privé ou de propriété individuelle, question de fortune publique ou d'économie générale, tels sont les trois points dont il doit se préoccuper, et dont il est de son devoir de ne négliger aucun.

Les idées, les mœurs, les besoins du siècle sont antipathiques à l'exploitation de l'homme par l'homme, comme ils répugnent à admettre la supériorité ou l'infériorité des races, et tendent à réaliser, dans la pratique, ces attributs communs à tous les individus de notre espèce, la *liberté* et l'*égalité*. Cette tendance et cette réalisation témoignent d'un grand progrès social accompli. L'Angleterre, en abolissant l'esclavage dans ses colonies, a marché la première dans cette voie, et, depuis cette époque, tous les gouvernements qui se trouvent intéressés dans la question s'en préoccupent plus ou moins. Parmi eux, le gouvernement français est celui qui paraît l'avoir prise le plus à cœur. Il est sans doute louable, de la part d'une grande nation comme la France, de manifester des sentiments généreux, de proclamer hautement les droits de l'humanité et d'en assurer le triomphe sur tous les points de sa domination ; mais il est aussi de sa dignité et de son intérêt de ne pas se jeter en aveugle dans une réforme dont elle n'aurait pas calculé toute la portée, toutes les conséquences. La réforme, pour être juste, morale et civilisatrice, doit, tout en améliorant le sort des masses, respecter et conserver la fortune publique et privée. Toute mesure, de quelque nom qu'on la décore d'ailleurs, qui porterait atteinte à l'*ordre* et au *travail*, serait désorganisatrice et manquerait le but qu'on doit se proposer. Ce n'est que dans ces limites qu'elle sera juste et profitable; et ce n'est que dans ce cercle que les réformateurs peuvent se mouvoir.

Hommes d'État qui vous donnez la mission d'opérer une transformation sociale par une révolution pacifique, légale, voilà les conditions dans lesquelles vous devez l'accomplir. Tous vos actes doivent être calculés pour produire cet effet ; car si, au lieu de maintenir l'ordre et de conserver le travail, vos innovations désorganisent et font déserter les usines et les champs, vous ne serez pas des bienfaiteurs de l'humanité, mais des insensés et des spoliateurs, ennemis à la fois de la fortune privée, de la fortune publique et de la civilisation.

Je ne sais quels sont les sentiments qui ont guidé l'Angleterre lorsqu'elle s'est décidée à proclamer l'émancipation dans ses colonies; je ne sais si son but a été de ruiner tous les pays à esclaves, et de se réserver, par l'Inde, le commerce des denrées intertropicales; je ne sais si c'est la philanthropie qui l'a inspirée, et si cette philanthropie a été spontanée de la part de son gouvernement ou si elle lui a été imposée par le sentiment religieux des masses; je ne sais pas, enfin, s'il n'a pas été dans sa politique de travailler en dessous l'esprit public, pour paraître céder à l'opinion; je ne puis ni nier ni affirmer à cet égard; on peut conjecturer, et c'est tout. Mais ce qu'il y a de certain, c'est que l'Angleterre, avec une politique stable, suivie, persévérante, énergique, avec une population habituée aux entreprises lointaines, familiarisée avec les difficultés locales, ayant en maniement de grands capitaux, un mouvement commercial immense et des ressources de toute nature, avait infiniment plus de chances de succès que toute autre nation. D'ailleurs, plus riche en colonies, elle pouvait en exposer quelques-unes sans que cet essai fût capital pour elle. La France ne se trouve pas dans les mêmes conditions et ne peut pas courir les mêmes chances; il lui importe essentiellement que la réforme qu'elle tentera soit suivie d'un plein succès, car elle n'a pas trop de ses colonies et a besoin, au contraire, de s'en créer de nouvelles. Ce qui le prouve, c'est la prise de possession des îles Marquises, prise de possession, soit dit en passant, fort regrettable sans doute, car elle est sans utilité aucune. Pourquoi faut-il qu'on ait songé à un point sans importance de la mer du Sud, lorsque nous avions à la Guyane un magnifique terroir à développer, et qu'un million par an, versé avec intelligence dans cette contrée, créerait pour la France un aliment à sa marine et un débouché abondant à son commerce [1]?

L'État ne saurait donc être trop circonspect dans les innovations à introduire, et il peut l'être, car il est maître de la situation. En France, en effet,

[1] Pourquoi ne pas reverser sur la Guyane l'argent qu'on prodigue sans profit aux Marquises et à Taïti? pourquoi ne pas consacrer au développement de cette possession la centième partie de ce qu'on dépense avec raison pour l'Algérie? Qu'est-ce qu'un million pour la France en présence du but à poursuivre?

l'esprit religieux se préoccupe peu de la question d'émancipation; et l'opinion publique, à part quelques idéologues et à part peut-être quelques industriels qui s'abritent derrière le manteau de la philanthropie pour faire la guerre à un intérêt rival, l'opinion publique, disons-nous, n'a rien de pressant.

Au surplus, le gouvernement a annoncé qu'il ferait l'émancipation et qu'il la ferait mieux que l'Angleterre; j'aime cette confiance, j'aime cette hardiesse de la part du pouvoir; elle annonce la force de ses convictions et peut-être aussi l'énergie des moyens nécessaires pour mener à bien l'entreprise. Cependant, pour ma part, je ne partage pas cette confiance, surtout en ce qui concerne la Guyane. Cette colonie, en effet, est un pays exceptionnel qui réclame impérieusement des mesures exceptionnelles en harmonie avec ses besoins. Le ministère de la marine avait paru comprendre cette spécialité et vouloir diriger son action en conséquence; mais il semblerait qu'il a abandonné cette politique, la seule raisonnable, et que Cayenne serait replacée dans le cadre des dispositions à prendre pour les colonies en général. Ce revirement, qu'on ne s'explique guère, ne peut que lui être fatal; car le même régime qui peut-être permettrait à nos autres possessions de vivre, parce que leur terroir se trouve dans des conditions différentes, la tuerait infailliblement[1].

Quoi qu'il en soit, la métropole ne peut être indifférente au sort de ses colonies, car trop de liens

[1] Il sera bien plus difficile à la Guyane que dans les autres colonies d'empêcher la population d'abandonner les cultures. Cela se conçoit; et, sans qu'il soit besoin d'indiquer ici toutes les causes, il suffit de dire qu'à la Martinique, à la Guadeloupe et à Bourbon, le sol est à peu près approprié et en possession des maîtres actuels des usines et des esclaves. Il y a donc là, par cela même, quelques chances pour qu'après l'émancipation le travail soit offert. A la Guyane, au contraire, où la presque totalité du terrain est vacant et appartient à l'État, c'est-à-dire au premier occupant, à celui qui veut bien se donner la peine de le prendre, et où, en outre, un pays boisé, de nombreux cours d'eau, de vastes prairies, offrent toutes facilités à des hommes primitifs pour pourvoir aux premiers besoins de la vie sans travailler la terre, il n'y a pas la moindre probabilité que les affranchis consentent à louer leurs services à l'agriculture. Lorsqu'en effet, l'espace ne manque pas aux individus, ils sont chasseurs, pêcheurs, pasteurs, et ce n'est qu'au fur et à mesure que, cet espace se resserrant, la population devenant plus compacte, et les circonstances locales facilitant moins cette vie vagabonde et nomade, ils se transforment en cultivateurs. Nos esclaves, émancipés sans conditions, sans mesure conservatrice, feront ce que font les Indiens : ils iront à la pêche et à la chasse, et dormiront le reste du temps jusqu'à ce que la faim les réveille et les force à se mettre de nouveau en campagne. C'est peut-être une vie assez douce pour l'homme brut; mais je ne crois pas que l'humanité s'en glorifie et que la civilisation la recommande comme un progrès.

les unissent. Je ne sais si le gouvernement s'en préoccupe; mais si l'on s'en rapporte à ses déclarations officielles, il s'intéresse à leur prospérité, à leur avenir, et la Guyane surtout attire son attention comme susceptible de recevoir un grand développement. C'est ce qu'a annoncé, d'une manière solennelle, un de nos hommes d'État les plus éminents, lorsqu'il a dit à la tribune que nous avions deux grands pays à coloniser, l'*Algérie* et la *Guyane*. Nous verrons comment se réaliseront ces vues larges et ces promesses. Quant à nous, colons, apportons aussi notre faible tribut pour le grand œuvre de la régénération de la Guyane et unissons nos efforts pour la faire sortir du néant dans lequel elle végète depuis plus de deux siècles. Recherchons le mal, quels en sont la cause et le remède. Pour ma part, c'est ce que je me suis proposé. Pour m'aider dans cette recherche, j'ai cru qu'il était indispensable de présenter à ma pensée le tableau d'ensemble et du territoire sur lequel la colonisation a eu à se développer, et de son histoire, et de son organisation actuelle, matérielle et politique; peut-être ce tableau, en nous montrant le terrain sur lequel on a opéré, ce qui a été fait et ce qui est, nous fournira-t-il les moyens d'apprécier ce que l'on devrait et ce que l'on pourrait faire pour développer le pays et résoudre le double problème de la colonisation et de l'émancipation.

J'exposerai dans quatre chapitres mes idées sur l'ensemble de la question coloniale.

Dans un premier chapitre, j'examinerai quelles sont les conditions dans lesquelles se trouve la colonie, et si ces conditions sont favorables à son développement et à une transformation sociale. Pour apprécier ces conditions, je donnerai un aperçu rapide de sa topographie, de son histoire et de son organisation matérielle et politique, et je montrerai combien les résultats obtenus jusqu'à ce jour sont négatifs et peu en rapport avec l'importance du sol et des efforts qui ont été faits pour le mettre en valeur.

Je ferai ressortir dans un second chapitre les vices de sa constitution physique et politique et les causes qui en l'état s'opposent à tout progrès.

Dans un troisième chapitre, je m'occuperai des réformes à opérer au double point de vue du développement général de la colonisation et de la transformation sociale.

Dans un quatrième chapitre, je parlerai des moyens de réforme et de l'immigration comme le seul moyen d'arriver à un bon résultat.

Enfin je conclurai par la nécessité d'entrer dans la voie de l'immigration ou d'abandonner le pays.

PREMIÈRE PARTIE.

EXAMEN CRITIQUE DE LA COLONISATION.

CHAPITRE PREMIER.

TABLEAU D'ENSEMBLE.

Topographie. — Histoire. — Situation actuelle.

Je dois prévenir, en commençant ce chapitre, que j'ai emprunté, en partie et quelquefois textuellement, aux notices publiées par le gouvernement, les détails topographiques, historiques, statistiques et politiques qui ont servi de base à mon examen critique de la colonisation.

SECTION PREMIÈRE.

TOPOGRAPHIE.

La Guyane est cette vaste contrée de l'Amérique qui s'étend entre la rivière des Amazones et l'Orénoque [1]. Elle se divise en quatre parties : la

[1] *Notices statistiques sur les Colonies françaises*, publiées par la direction des colonies, en 1838, p. 141 et 158.

Guyane portugaise, aujourd'hui brésilienne, sur les rives de l'Amazone; la Guyane française en deçà du cap nord jusqu'au Maroni; à partir de ce point, la Guyane hollandaise, et enfin la Guyane anglaise.

« Les limites de la Guyane française ne sont pas encore fixées d'une manière précise. Si on les porte au sud-est à la rivière de Vincent-Pinson, et au nord-ouest au Maroni, la longueur de son littoral est de 125 lieues. Quant à la profondeur, si on la prolonge jusqu'au Rio-Branco, elle ne serait pas moindre de 300 lieues; ce qui donnerait une superficie de plus de 18 000 lieues carrées[1]. »

La Guyane est sillonnée sur toute son étendue par une multitude de cours d'eau. Ses principales rivières sont : Oyapock, Approuague, Kaw, Mahury, Oyac, la Comté, le Tour de l'île, Tonnegrande, Mont-Sinéry, Macouria, Kourou, Sinnamary, Conamama, Iracoubo, Organabo, Mana, et enfin le Maroni entre les possessions françaises et les possessions hollandaises. Ces rivières ne sont pas également importantes; mais je les indique ici, parce qu'elles ont pour la plupart donné leur nom aux divisions

[1] *Notices statistiques*, p. 159 et 160.

politiques qui existent actuellement dans la colonie, et dont elles sont les centres.

Les terres à la Guyane se distinguent en deux parties bien tranchées : les terres alluvionnaires, ou terres noyées soit par les eaux salées, soit par les eaux douces, dites *terres basses*; et les terres des plaines non inondées, des coteaux et des montagnes, dites *terres hautes*[1]. Les premières d'une exploitation difficile sont éminemment propres à toutes les cultures. Le coton dans la partie baignée par l'eau salée, le roucou et la canne à sucre dans la partie baignée par les eaux douces, y prospèrent également; mais c'est surtout la patrie de la canne à sucre, dont la puissante végétation trouve dans une couche profonde de terreau des sucs en abondance pour s'alimenter. Les secondes, moins riches, mais d'une exploitation plus facile, conviennent parfaitement aux épices, au café et au cacao. Ces plantes s'accommodent également des terres basses et y donnent même une plus grande abondance de fruits; mais la qualité en est inférieure, et c'est pour cela qu'en général, surtout

[1] *Notices statistiques*, p. 162.

pour la culture du café, on préfère les dernières.

Les terres alluvionnaires doivent leur formation aux débris des montagnes et aux détritus des végétaux entraînés par les pluies et charriés par les fleuves jusqu'à la mer [1]. Elles se divisent en deux zones bien distinctes : la première, couverte d'épaisses forêts de mangliers ou palétuviers et baignée par la mer, forme sur le littoral une lisière qui occupe toute l'étendue des côtes [2], et dont la profondeur n'excède pas deux à trois mille mètres. Derrière celle-ci, et immédiatement après, vient la seconde zone. Cette partie n'est pas, comme la première, couverte d'arbres et en contact avec l'eau salée; elle est complétement déboisée et a perdu son principe salin; mais, dans la saison des pluies, elle est entièrement noyée par les eaux douces. Elle forme, à cette époque, un marécage, et présente l'aspect d'une vaste prairie inondée. Cette seconde zone, qui constitue la partie la plus importante des terres alluvionnaires, n'existe que dans la partie au vent de Cayenne, et comprend les vastes plaines qui s'étendent de l'Oyapock au Mahury,

[1] *Notices statistiques,* p. 162.

[2] Idem.

sur une longueur, du sud-est au nord-ouest, d'environ trente lieues, sans autre solution de continuité que le cours des rivières d'Approuague et de Kaw dans le centre.

La nature des terres est identique dans les deux zones; seulement la seconde possède une couche de terreau plus profonde, et peut être cultivée sans autre préparation que les travaux d'endiguement pour les dessécher. C'est dans cette partie que se trouvent le plus grand nombre d'établissements à sucre et à roucou. La première zone, au contraire, ne peut recevoir, dans les premiers temps, que la culture du coton.

Sous le vent de Cayenne, depuis la rade jusqu'au Maroni, à Macouria, à Kourou, à Sinnamary, à Iracoubo, et même à Mana, derrière la lisière des palétuviers qui borde la mer, se trouve un premier plateau formé par des dunes de sable mélangé à un peu de terre végétale, dont la base est le roc ou le granit[1], et dont l'étendue en largeur est peu considérable. Après ce plateau fort peu élevé, et presque au niveau des terres basses, sont les savanes

[1] *Notices statistiques*, p. 167.

proprement dites, ou vastes prairies naturelles non submergées ; ces savanes reposent sur un fond de sable ou d'argile[1]. Ces terres, que j'appelle terres plates ou des plaines, pour les distinguer des terres basses et des terrains accidentés des coteaux et des montagnes, ne sont guère cultivées, surtout les savanes. On ne trouve dans ces dernières que quelques pâturages pour la nourriture des bestiaux.

Après cette zone, viennent les coteaux et les montagnes qui se continuent à l'intérieur, sans autres limites que celles de la colonie même. Les montagnes de la partie habitée sont peu élevées. Les plus remarquables sont : la chaîne de Kaw qui s'étend d'Approuague à Oyac ou Roura (partie supérieure de Mahury), et sépare les alluvions des bords de mer du reste du territoire ; les montagnes de Mahury, dans l'île de Cayenne ; les pitons à Approuague ; et la montagne d'Argent dans la baie d'Oyapock.

« En général, les terres hautes sont composées d'une espèce d'argile plus ou moins mélangée de

[1] *Notices statistiques*, p. 168.

sable granitique, de tuf et de parties ferrugineuses; elles sont couvertes d'immenses forêts, dans lesquelles on trouve une quantité considérable de bois de diverses espèces, et propres à toutes les constructions, au charronnage, à la charpente, à la menuiserie, à l'ébénisterie, etc.[1] »

Tel est, en peu de mots, l'aspect topographique du territoire sur lequel la colonisation a eu à se développer. Riche et étendu, il présente même plus d'avantages que celui des colonies de Surinam et de Démérary; car, auprès des terres basses, nous avons les terres hautes, qui offrent, pour exploiter les premières, mille ressources à portée, surtout les bois de construction.

Cependant quelle différence dans les résultats, et combien les possessions de nos voisins sont prospères, quand la nôtre est si misérable! D'où vient cette anomalie? Comment se fait-il que, placés relativement dans une position moins favorable que nous, les Hollandais et les Anglais nous aient laissés néanmoins bien en arrière? Cela vient de ce qu'ils ont procédé autrement, et que, comme nous pourrons en

[1] *Notices statistiques*, p. 163 et 164.

juger plus tard, ils ont suivi une marche plus rationnelle que nous.

Si nous sommes encore dans l'enfance à la Guyane, n'accusons donc pas le sol ni sa richesse de nous avoir fait défaut.

SECTION II.

HISTOIRE.

L'histoire de la colonisation offre peu d'intérêt, et, si j'en dis quelque chose, ce n'est que pour nous mettre à même d'apprécier quelle est son importance, eu égard à ce qui a été fait, et nous faire reconnaître, en même temps, quelles fautes ont été commises et se perpétuent jusqu'à ce jour.

La France ne songea à s'établir à la Guyane qu'un siècle et demi environ après la découverte qui en fut faite par Christophe Colomb en 1498[1]. En prenant pied sur cette terre, elle n'y trouva que quelques tribus d'Indiens qui erraient inaperçus dans ses immenses forêts et qui vivaient dans l'état le plus misérable. Ces peuplades, si elles avaient été civilisables, auraient rendu

[1] *Notices statistiques*, p. 141.

des services, mais jamais on n'a pu en tirer le moindre parti; et c'est en vain que les jésuites, à qui l'on doit d'importantes créations dans le pays, tentèrent de les attirer à nous. Elles ont constamment fui devant la civilisation, et, à toutes les époques, il a fallu recruter autre part que chez elles. Aussi toute la population utile vient du dehors, soit de l'Afrique, soit de l'Europe.

Les premiers établissements remontent de 1626 à 1634. Vers ce temps, quelques Français se fixèrent sur les bords de Sinnamary, de Conamama et sur les côtes de Rémire, dans l'île de Cayenne, où ils fondèrent, à l'embouchure de la rivière de ce nom par 4° 56′ 24″ de latitude nord, et par 54° de longitude ouest, un fort et une ville qui est devenue le chef-lieu de cette possession [1].

Mais la colonie ne prit un peu de consistance qu'en 1664, après avoir reçu de France mille à onze cents hommes qu'envoyèrent deux compagnies, l'une de Rouen, dite du Cap nord, et l'autre de Paris, dite la France équinoxiale [2].

[1] *Notices statistiques*, p. 141 et 142. — Cet article est extrait presque textuellement des *Notices*.

[2] *Notices statistiques*, p. 142, 143, 144. — Idem.

A ces envois vinrent s'adjoindre, en 1686, quelques aventuriers qui revenaient de la mer du Sud, et qui s'y fixèrent[1].

Les documents que nous avons consultés n'indiquent pas d'autre immigration jusqu'en 1740 ; mais ils donnent, pour cette époque, le total de la population qui s'élevait à 5310 individus, savoir : 4634 esclaves noirs, 566 blancs, 54 affranchis et 36 Indiens[2].

En comparant le chiffre des immigrations successives avec le chiffre recensé, nous voyons, ce qu'au surplus nous aurons l'occasion de constater d'une manière plus circonstanciée pour les différentes races, que la population, au moins la population blanche, ne s'était pas maintenue au chiffre des importations, mais qu'elle était même tombée considérablement au-dessous de ce chiffre. En effet, jusqu'en 1686, il avait été introduit au moins 1000 individus, et cependant, en 1740, 54 ans plus tard, il n'en existait que 566. Nous pouvons donc conclure que, déjà à cette époque,

[1] *Notices statistiques*, p. 145. — Cet article est extrait presque textuellement des *Notices*.

[2] *Notices statistiques*, p. 146.

la population n'était pas en rapport avec les efforts qu'on avait faits pour peupler le pays. Il est vrai que nous ne pouvons pas constater, d'une manière aussi précise, le même résultat pour les noirs, dont nous ne connaissons pas en total les importations successives; mais nous est-il permis raisonnablement de supposer que le nombre importé est supérieur au nombre recensé. Il est certain, en effet, que la mortalité, dans la classe blanche, n'est pas plus considérable que dans la classe noire, quand elle est placée dans les conditions d'existence relatives qu'indique la différence des climats auxquels appartiennent ces deux races.

Ainsi, si plus d'un siècle après la fondation des premiers établissements, Cayenne ne comptait encore qu'un bien petit nombre de travailleurs, on ne peut pas l'attribuer uniquement au peu d'efforts qui avaient été faits pour en introduire; évidemment il y avait d'autres causes. Mais quelles étaient ces causes? Dérivaient-elles des vices de la colonisation, ou de circonstances qui lui étaient étrangères?

Pour être vrai, il faut dire que, pendant cette première période, la colonie eut beaucoup à souffrir des guerres soutenues contre les naturels, les Hollandais et les Anglais[1]. Mais il faut dire aussi que, déjà, il s'était produit un fait qui s'est perpétué jusqu'à nos jours, et qui, à mon avis, exerce une influence fatale sur la prospérité de la colonie : je veux parler de l'*éparpillement* de la population *sur le sol*. Nous avons pu remarquer, en effet, que cette population, si faible en nombre, s'était répandue depuis Cayenne jusqu'à Conamama, sur une surface hors de toute proportion avec elle ; car on peut estimer à vingt-cinq lieues l'intervalle qui sépare ces deux points. Cette dispersion sans mesure, qui appartient à toutes les époques, et que la situation actuelle nous montrera d'une manière bien plus frappante, est sans doute la cause la plus vivace qui s'est opposée et qui s'oppose encore au développement général de la colonie.

« Jusqu'en 1763, on n'avait encore employé aux cultures que des noirs esclaves, lorsque le gouvernement, qui venait de perdre le Canada et qui voulait réparer cette perte, conçut le projet

[1] *Notices statistiques*, p. 143, 144, 145.

de donner un grand développement à la colonisation, et tenta d'y établir une population libre et nationale, en y introduisant des cultivateurs européens. Ce fut dans ce but que 12 000 colons environ de l'Alsace et de la Lorraine furent dirigés sur Cayenne et débarquèrent à Kourou. Cette tentative échoua complétement; presque tous périrent, et ceux qui survécurent à ce désastre, les uns, au nombre d'environ 2 000, retournèrent en Europe; les autres, une soixantaine de familles, se fixèrent entre Kourou et Sinnamary, où ils se livrèrent à l'éducation du bétail. » C'est là le principe de cette population patriarcale dont les restes existent encore dans cette localité; et qui, jusqu'à ce jour, a approvisionné la colonie de viande de boucherie, sinon pour la totalité de ses besoins, du moins pour une partie. C'est le seul profit que la colonie ait retiré de cette entreprise [1].

Trois ans plus tard, on voulut aussi exploiter par des colons blancs la rive droite de Tonnegrande. Mais ce projet ne réussit pas mieux que le précédent, « et quelques soldats acclimatés, en-

[1] *Notices statistiques,* p. 147 et 148.—Cet article est extrait presque textuellement des *Notices.*

voyés dans cette localité comme cultivateurs, y périrent ou l'abandonnèrent[1]. »

Ce furent là des essais sans profit et peu encourageants, et il est certain que, s'ils eussent réussi, le développement colonial se trouverait au moins augmenté du capital engagé en pure perte dans ces opérations. Il en est de même d'autres essais qui ont été faits plus tard, comme nous le verrons, et qui n'ont pas donné de meilleurs résultats.

Pourquoi ces tentatives ont-elles échoué? La colonisation par des Européens est-elle impossible, est-elle impraticable sous les tropiques? Nous examinerons plus tard cette question, qui, à notre sens, ne peut pas être résolue d'une manière absolue.

En présentant le tableau topographique du sol sur lequel on a eu à opérer, nous avons reconnu qu'il n'était pas d'une nature homogène, et qu'il se divisait en deux parties bien distinctes, les terres hautes et les terres basses. Pendant plus d'un siècle et demi les colons ne cultivèrent que les premières à l'exclusion des dernières[2]. Ce fut une faute, car,

[1] *Notices statistiques*, p. 148 et 149. — Cet article est extrait presque textuellement des *Notices*.

[2] *Notices statistiques*, p. 10, 12 et 13.

si les terres hautes ont des richesses qu'il ne faut pas dédaigner, elles ne doivent cependant être considérées que comme un puissant auxiliaire de l'exploitation des terres basses, et comme complément de la colonisation pour les cultures secondaires, telles que les épices, le café, le cacao, etc. Les terres alluvionnaires sont, en effet, le noyau, la base solide, le véritable fondement de la prospérité et de l'avenir de la Guyane. Mais cette faute, qui ne fut pas capitale et qui n'a eu d'autre effet que de retarder, pour un temps, le placement du capital colonial sur son véritable terrain, se conçoit parfaitement. Faibles en nombre, disposant de peu de ressources, les premiers immigrants ont dû naturellement se porter sur les points où ils pouvaient plus facilement se défendre contre les envahissements d'un sol neuf et plein de la séve luxuriante des tropiques. Si les Hollandais ne la commirent pas, c'est que, lorsqu'ils se présentèrent sur les lieux où ils s'établirent, ils ne se trouvèrent pas en présence de terres hautes; et d'ailleurs, s'ils se mirent peu en peine de les rechercher, c'est qu'ils apportaient de leur pays l'expérience des terres basses dont ils connaissaient la qualité supérieure. Les colons français n'avaient ni les mêmes notions, ni la même expérience, et leur erreur fut celle de l'époque. Ainsi, à cet égard, ils sont irréprochables et on ne peut que les plaindre. Il est fâcheux seulement qu'ils soient venus un peu tard à la lumière et que trop longtemps ils aient fait fausse route. Ils étaient, en effet, encore dans cette voie en 1775, lorsque Malouet fut nommé intendant à Cayenne. Cet habile administrateur comprit bientôt que la principale richesse du pays était dans les terres basses, et que c'était surtout de ce côté qu'il fallait tourner les efforts de la colonisation. Plein de cette idée, il fit un voyage à Surinam, pour y étudier le système de desséchement mis depuis longtemps en pratique chez les Hollandais; et, à son retour, il amena avec lui un ingénieur fort expérimenté nommé Guizan. C'est de cette époque que date la colonisation en terres basses. Malouet ne put pas continuer longtemps son œuvre, car bientôt après il quitta le pays. Mais l'impulsion était donnée, et si, après lui, on exploita encore les terres hautes, ce ne fut guère que pour la culture des épices et particulièrement du gérofle et de la noix muscade qui ont parfaitement réussi dans les montagnes de Roura[1].

En 1789, lorsque éclata la révolution, les travaux de desséchement étaient encore peu considérables. Cependant les environs de la ville de Cayenne, chef-lieu de la colonie, avaient été un peu assainis, et il existait dans l'Approuague, sur la rive gauche, une habitation importante.

Mais le nouvel élan donné à la colonie fut arrêté en 1794 : à cette époque l'esclavage fut aboli, et, pendant toute la période de la liberté, non-seulement il ne fut rien entrepris de remarquable, mais l'agriculture même fut complétement abandonnée[2].

En 1801, Victor Hugues arriva à Cayenne avec l'arrêté des consuls qui rétablissait l'esclavage. Sous son gouvernement, les cultures reprirent quelque vigueur, et un quartier nouveau, le canal Torcy, fut créé en terres basses. Ce canal, ouvert sur la rive droite du Mahury, à son embouchure, perpen-

[1] *Notices statistiques*, p. 149 et 150. — Cet article, en ce qui concerne Malouet, est extrait presque textuellement des *Notices*.

[2] *Notices statistiques*. — Les décrets de la Convention pour l'abolition de l'esclavage, furent publiés à Cayenne au mois de juin 1794, p. 151.

diculairement à son cours et parallèlement à la côte, se prolonge une lieue et demie environ dans la plaine qui s'étend vers la rivière de Kaw. Il fut creusé pour dessécher et exploiter la partie des terres alluvionnaires qu'il traverse. A marée basse, il sert à l'écoulement des eaux des habitations qui se trouvent sur ses rives, et, à marée haute, il sert à la navigation[1]. Ce quartier prospéra quelque temps; mais bientôt l'insuffisance et la défectuosité des moyens de desséchement ne tardèrent pas à faire abandonner un grand nombre d'établissements. Ces établissements, qui étaient au nombre de quinze à seize il y a vingt-cinq ans, sont réduits aujourd'hui à quatre.

A un point de vue, cette création fut une faute; le temps n'en était pas encore venu; mais elle n'en fut pas moins un développement utile pour la colonie, qu'elle dota d'un quartier qui fut longtemps le plus prospère, qui seul pouvait servir de modèle à la colonisation en terres basses, et qui a donné et qui donne encore, malgré son état de décadence, de beaux produits. Si, lorsqu'on a établi des cultures au bord des rivières, on avait suivi le

[1] *Notices statistiques*, p. 172.

système qui a présidé à la création du canal Torcy, la colonie pourrait ne pas avoir un développement immense; mais certainement elle ne serait pas dans l'état de langueur et de dépérissement où on la voit.

Celui qui a fondé le canal Torcy a marché sur les traces de Malouet et a voulu réaliser ses idées; mais tout en comprenant que l'avenir de la colonie se trouve dans la partie située au vent de Cayenne depuis Oyapock jusqu'à Mahury, et que c'est dans ces vastes plaines qu'il faut verser une population nombreuse, si l'on veut que le pays prospère, il n'a pas compris qu'avant de s'enfoncer dans l'intérieur des marécages, il faut occuper d'abord le littoral des rivières qui les traversent; qu'il ne faut s'avancer que graduellement, au fur et à mesure de la progression des forces, et de manière à pouvoir toujours maîtriser les difficultés du terrain sur lequel on a à opérer.

Je dirai, au surplus, de la fondation du canal Torcy, ce que j'ai dit du retard apporté dans l'exploitation des terres basses; ce fut une faute secondaire, et qui n'a eu d'autre conséquence que de faire gaspiller inutilement, ou du moins pour obtenir un résultat minime, bien de l'argent, de l'intelligence, de l'énergie et de la persévérance. Si on avait opéré dans des conditions rationnelles, c'est-à-dire si on avait mis en culture le littoral d'une des rivières qui sont encore à exploiter, on aurait aujourd'hui un magnifique quartier avec une faible partie des capitaux et des forces de toute nature qui ont été dépensés pour le canal. Ce n'est pas tout que d'agir, il faut encore agir utilement[1].

La colonie fut prise en 1809, et resta sous le gouvernement portugais jusqu'en 1817, époque où

[1] A proprement parler, la création du canal Torcy ne fut pas une faute, puisque cette création rentre nécessairement dans le plan général à adopter pour la colonisation des terres basses. Elle ne fut pas même une faute d'opportunité, si, comme cela paraît manifeste, ses auteurs se proposèrent par là d'exploiter les bords de mer et d'établir, en même temps, une communication régulière par eau, entre le chef-lieu et les quartiers du vent. Mais alors il faut reconnaître que ceux qui leur ont succédé, ou ont bien peu compris leur œuvre, ou ont eu peu de souci de la rendre profitable, en suivant les errements commencés. En effet, le bon sens le plus vulgaire indiquait, pour atteindre ce but, de prolonger le canal jusqu'à Kaw pour avoir une route, et d'ouvrir, au fur et à mesure de sa prolongation, des canaux d'embranchement du canal principal à la mer, espacés de manière que chaque exploitation eût pour écouler ses eaux une de ses façades sur un de ces canaux.

Rien de cela n'a été fait, et le canal Torcy, inachevé, incomplet, n'est qu'une impasse sans issue, qui n'aboutit nulle part, et qui, la France en reprit possession[1]. Rien d'important, ni en bien ni en mal, n'est à noter de cette administration. A partir de 1793 et pendant toute la période de la liberté, la population ne s'accrut pas; mais après le rétablissement de l'esclavage et sous la domination portugaise, quelques esclaves furent introduits. En 1815, la traite fut abolie et l'introduction des noirs prohibée; malgré cette prohibition, les importations se continuèrent jusqu'en 1830; et peut-être même ne furent-elles jamais plus actives que dans la dernière période de dix ans qui s'est écoulée à partir de 1820; mais, depuis 1830, toute introduction a cessé.

en outre, s'obstruant par la vase que rapportent journellement les marées, ne donne qu'un desséchement on ne peut plus imparfait. Il n'a jamais rempli l'objet de sa destination; il n'a satisfait ni aux besoins de la navigation, ni aux besoins de la culture. Ce n'est pas qu'on n'ait rien fait dans le quartier; on y a dépensé, au contraire, des sommes énormes. Mais, comme on a toujours travaillé sans but déterminé, sans esprit de suite et sans idée de conservation définitive, il s'ensuit que les efforts n'ont jamais produit qu'un effet éphémère, que les vues du lendemain, constamment contraires à celles de la veille, n'ont cessé de rendre illusoire et complétement nul. Si, en France, on s'intéressait un peu plus aux colonies et au système colonial, il serait vraiment curieux de faire l'historique de ce quartier pour juger de ce dont nous sommes capables en fait de colonisation.

[1] *Notices statistiques*, p. 153 et 154.

Depuis la reprise de possession, le gouvernement, comme l'industrie privée, s'était mis à l'œuvre pour augmenter la population. Seulement son mode d'opérer n'avait pas été et ne pouvait pas être le même. N'ayant plus la faculté de recruter en Afrique, il chercha à suppléer aux esclaves par des libres, « aux bras noirs par des bras blancs. » C'est ainsi qu'en 1820, dans l'espoir d'acclimater le thé à la Guyane, il y fit transporter à grands frais 30 Chinois, et qu'un an plus tard en 1821, dans l'intérêt des cultures en général, il y fit venir des États-Unis de l'Amérique du Nord 7 familles de *settlers* formant un total de 20 personnes[1].

Ces deux essais, comme ceux qui avaient été tentés précédemment, échouèrent complétement. Malgré ces échecs répétés, le gouvernement persista à coloniser avec des cultivateurs libres de race européenne, et c'est dans ce but qu'en 1823 et 1824 il fit passer à Mana quelques familles du Jura, qui y végétèrent jusqu'en 1828, mais dont il fallut rapatrier les restes à cette époque[2]. Cet insuccès ne découragea pas, et les efforts continuèrent

[1] *Notices statistiques,* p. 154.

[2] Idem, p. 155.

sur ce point; seulement le pouvoir civil jugea convenable d'abandonner la direction et de la confier à une congrégation religieuse. Dès ce moment, la nouvelle colonie de Mana fut remise entre les mains de madame Javouhey, supérieure générale des sœurs de Saint-Joseph de Cluny, qui se donna la mission d'y fonder un asile pour les enfants abandonnés. Trente-six sœurs de la congrégation, et trente-neuf travailleurs européens, engagés pour trois ans, y furent envoyés dans cette intention. Mais à l'expiration de leur engagement, les travailleurs se retirèrent, et peu à peu les sœurs abandonnèrent les champs pour rentrer dans le cloître, et s'y livrer exclusivement aux occupations de leur ordre[1]. On ne se tint pas pour battu, et, sans perdre courage, on se mit de nouveau à l'œuvre pour se procurer une population active.

Cette population était toute prête. On avait sous la main 550 noirs de traite à libérer, et on ne trouva rien de mieux que de les envoyer à Mana. Par ce fait, et en recrutant dans la race noire, on renonçait à coloniser au moyen de la race blanche. Au

[1] *Notices statistiques*, p. 156.

reste, il y avait transformation complète de système; car, à l'asile pour les enfants délaissés de la métropole, se substituait une école de moralisation et de civilisation pour ces néophytes de la liberté.

Les sœurs de Saint-Joseph, à qui ils furent confiés, ont dû, en effet, *les préparer par la pratique du travail et des bonnes mœurs* à l'affranchissement définitif qui les attendait[1]. Madame Javouhey a-t-elle réussi? Je l'ignore, car Mana n'est pas un lieu où l'on pénètre facilement. C'est une contrée placée en dehors du droit des gens. Il n'y a que quelques privilégiés qui obtiennent la faveur de la visiter. Mais comme toute colonisation à la Guyane ne peut avoir quelque importance qu'autant qu'elle procure des moyens d'échange à l'industrie métropolitaine; que la Mana, comme le reste du pays, ne peut fournir que les produits du sol, des produits agricoles; et que jusqu'ici elle n'en a exporté aucun, je suis fondé à conclure que la colonisation par ces noirs libérés n'a pas eu plus de succès que celles qui l'ont précédée.

La Mana, comme on voit, est une colonie com-

[1] *Notices statistiques*, p. 156.

plétement distincte; c'est une société à part. Comme au Paraguay, c'est un ordre religieux qui la dirige. La seule différence, c'est qu'à Mana ce sont des femmes qui gouvernent. Je ne sais pas ce qu'elles y font; mais je doute qu'elles puissent nous offrir un modèle à suivre, en fait de colonisation; et à coup sûr elles n'ont pas obtenu les résultats du docteur Francia.

Pendant la guerre et sous les Portugais, le système colonial était endormi; mais à partir de 1817, il parut naître à une vie nouvelle, et il sembla que la Guyane avait honte de son passé. Une activité extraordinaire se manifesta partout. Mais ce mouvement fut surtout remarquable de 1824 à 1830. Dans cet intervalle, on vit s'élever sur les rives d'Approuague, de Kaw, de Mahury, et sur les bords de la mer, à Macouria, d'importantes usines pour la culture de la canne à sucre, du roucou et du coton. De toute part, on fondait de nouveaux établissements, on améliorait les anciens, et la colonie se développait sur tous les points avec une force et une vigueur peu communes. Personne, à cette époque, ne doutait de son avenir. Mais, hélas ! qu'est devenu cet élan, cet essor ! Qu'est devenue cette foi !

Non-seulement la colonie ne fait plus de progrès, mais elle tombe; elle s'en va, elle est comme un agonisant dont les extrémités sont déjà froides et à qui il ne reste plus qu'un peu de sang vers le cœur. Toutes les propriétés manquent de bras; les grandes absorbent les petites. Mais quand cette absorption sera complète, et le temps n'en est pas éloigné, les grandes exploitations, ne trouvant plus à s'alimenter au dedans, tomberont à leur tour si elles ne peuvent plus recruter au dehors. Un fait bien significatif et qui prouve combien la colonie est sur une pente rapide de ruine, c'est la décroissance de la population, décroissance que met surtout en relief le mouvement comparé de cette population depuis la cessation des importations en 1830 jusqu'en janvier 1845. Voici quel a été ce mouvement :

Au 1er janvier 1830, la population esclave était de 19 173 individus de tout âge et de tout sexe; au 1er janvier 1835, cinq ans plus tard, elle n'était plus que de 17 136, et avait diminué de 2 037; au 1er janvier 1842, sept ans plus tard, elle était de 14 883, et avait diminué de 2 253; enfin au 1er janvier 1845, trois ans plus tard, elle était de 13 988, et avait diminué de 895; ainsi, dans une période de quinze ans, depuis 1830 à 1845, la population a donc diminué de 5 185 individus; ce qui donne une perte réelle moyenne par année de 345 individus. Or, à ce compte, l'on peut affirmer que dans quarante ans environ, quand bien même l'état social ne serait pas modifié, l'esclavage aurait cessé d'exister par l'anéantissement de la population.

Ainsi un fait constant que la cessation des importations a mis à même de faire ressortir de la manière la plus évidente, c'est que la population, du moment qu'elle a cessé de se recruter au dehors, n'a pas augmenté, ne s'est pas même maintenue et est allée en décroissant; d'où la conclusion toute naturelle qu'à toutes les époques elle a été au-dessous du total des importations, et que les efforts tentés pour peupler le pays n'ont jamais servi qu'à combler des vides.

Voilà ce que j'avais à dire sur l'histoire de la colonisation à la Guyane française, et ce récit abrégé, quelque incomplet qu'il soit d'ailleurs, nous a donné les moyens de constater que ce qui est n'est pas en rapport avec ce qui a été fait. Ainsi, quant à la colonisation par le travail libre, nous avons vu qu'on a voulu naturaliser à la Guyane une population libre et nationale, qu'on a voulu y développer les cultures au moyen de cultivateurs européens, et que toutes les tentatives faites à cet égard ont complétement échoué. Que reste-t-il, en effet, des colons de Kourou et de Tonnegrande, des Chinois, des settlers des États-Unis, des familles du Jura, des sœurs de madame Javouhey? rien. C'est un résultat nul, totalement nul; et cependant si l'on n'aperçoit pas même l'ombre de la colonisation libre, ce n'est pas qu'on n'ait rien fait pour la développer.

Quant à la colonisation par le travail non libre, nous manquons, il est vrai, de termes précis de comparaison pour tirer une conclusion mathématique; nous pouvons déduire néanmoins de faits constants que, si le résultat n'est pas aussi négatif que pour la colonisation libre, il n'est pas cependant tout ce qu'il devrait être.

En résumé, il est certain qu'on n'a pas fait, pour le développement du pays, ce qu'exigeait la richesse de la mine qu'on avait à exploiter; toutefois il faut dire que le gouvernement y a dépensé des sommes énormes, et que les particuliers également y ont apporté bien des capitaux; or, il est probable que ces capitaux eussent été bien plus considérables encore s'ils eussent fructifié. A cet égard, le doute même n'est pas permis : la prospérité, le rendement délient les cordons de la bourse, tandis que l'insuccès les resserre, et cet insuccès, nous le rencontrons partout, à toutes les époques. Mais, tout en reconnaissant que les moyens mis en œuvre ont été insuffisants, il est certain aussi que, si la colonie est encore dans l'enfance, il ne faut pas l'attribuer exclusivement au petit nombre d'efforts qui ont été faits pour lui donner de l'extension. Évidemment il y a d'autres causes.

Nous avons déjà parlé de quelques fautes secondaires, nous en avons même signalé une qui, à notre avis, est capitale : c'est la trop grande dispersion des établissements. Cette cause principale du mal, nous aurons occasion de la faire ressortir dans la section suivante. Si, en effet, à une époque déjà éloignée des temps où nous sommes, nous avons pu voir la population, quoique bien faible en nombre, disséminée sans mesure sur une grande surface, la situation actuelle va nous la présenter établie partout, sur tous les points, et éparpillée sur le sol depuis le Maroni jusqu'à l'Oyapock, qui sont pour le moment les deux limites de la partie occupée. Cet envahissement déréglé, avec des moyens aussi faibles et en présence de difficultés locales aussi multipliées que celles qui sont propres à la Guyane, ne pouvait qu'engendrer des conséquences funestes.

SECTION III.

SITUATION ACTUELLE.

Organisation matérielle. — Organisation politique. — Résultat.

§ 1er. — Organisation matérielle.

ARTICLE PREMIER. — *Partie habitée. — Circonscriptions territoriales et politiques. — Centres de population.*

Une portion du territoire, celle qui remonte de l'Oyapock vers l'Amazone, est en litige; la partie non contestée, celle qui est habitée et sur laquelle se trouvent les cultures, prend son point de départ à cette même rivière et s'étend jusqu'au Maroni; elle présente un développement de côtes de 75 lieues environ sur une profondeur moyenne de 3 lieues; elle se partage en quatorze circonscriptions territoriales qui forment autant de communes auxquelles on a donné le nom de quartier, et dont le premier magistrat a le titre de commissaire commandant. En général, le centre nominal de ces quartiers est situé sur une rivière. Voici le nom de ces quatorze quartiers avec leur position et leur distances relatives : *Cayenne*, chef-lieu de la colonie; en remontant au vent, vers le sud-est, *île de Cayenne;* ce quartier s'étend jusqu'au Mahury, à 3 lieues de distance; Kaw, à 10 lieues de Mahury; Approuague, à 3 lieues de Kaw, et enfin Oyapock, à 15 lieues d'Approuague. Sous le vent, dans le nord-ouest : Macouria, qui n'est séparé de la ville de Cayenne, et par conséquent de l'île de Cayenne, que par la rade; ce quartier s'étend jusqu'à Kourou, qui est à 12 lieues de distance; Sinnamary, à 10 lieues de Kourou; Iracoubo, à 8 lieues de Sinnamary; Mana, à 8 lieues d'Iracoubo et à 2 lieues de Maroni. Enfin, dans l'intérieur, à l'ouest : Roura, Tour-de-l'Ile, Tonnegrande, Mont-Sinéry, tous également distants de Cayenne d'environ 3 à 4 lieues.

La ville de Cayenne est le siége du gouvernement; elle est située aux bords de la mer, à l'embouchure de la rivière de ce nom, à 40 lieues de la rivière de Maroni et à 30 ou 35 lieues de celle d'Oyapock, et par conséquent à peu près à égale distance de ces deux limites [1].

Cayenne est la seule ville qui existe à la Guyane, et l'on peut dire le seul point qui présente une population agglomérée; car ce qu'on est convenu d'appeler les bourgs d'Approuague, de Kourou, de Sinnamary, n'a guère du bourg que le nom. Là, comme dans les autres quartiers, on ne rencontre que des habitations éparses, et si quelque chose distingue ces localités, c'est qu'elles ont une église et un presbytère.

Art. 2. — *De l'importance de la population, des terres exploitées, des cultures et des parties respectives du sol sur lequel elles se trouvent réparties.*

La portion du territoire sur laquelle se trouvent dispersées la population et les cultures peut être évaluée à 503 510 hectares ou 230 lieues carrées [2].

Pour mettre ce sol en valeur, la colonie compte

[1] *Notices statistiques*, p. 170 et 171.

[2] *Notices statistiques*, p. 163.

une population totale de 21 024 individus, dont 7 036 libres et 13 987 esclaves; la population libre, non compris la garnison, est de 5 902 individus, dont 2 215 seulement sont répartis entre les divers établissements agricoles, et le surplus, 2 841, réside dans la ville de Cayenne. Quant à la population esclave, sur 13 988 noirs, il n'y en a guère que 11 826 attachés aux exploitations rurales. Ainsi, en dernier résultat, la population des cultivateurs se compose : 1° de 2 215 libres; 2° de 11 826 esclaves; en tout, 14 041 individus [1].

Tel est le chiffre de la population agricole; elle est, avec le territoire, dans la proportion de 61 individus par lieue carrée, ou d'un individu par 36 hectares environ. Or, comme la moyenne qu'un noir travaillant peut réellement entretenir est d'un hectare et demi au plus, en comprenant dans cette supputation les divers genres de cultures, et qu'en règle générale, pour le travail effectif, on ne peut guère compter que sur les deux cinquièmes du personnel des ateliers, il s'ensuit que, pour la partie actuellement occupée, la population agricole de-

[1] *Notices statistiques* de 1845.

vrait être d'environ 1 200 000 âmes; soit 1 million en raison des terres non livrées aux cultures, comme les prairies et les forêts.

Que devait-il résulter de cette énorme disproportion? C'est que, eu égard à l'étendue de la Guyane et même aux points occupés, le sol exploité et les produits seraient peu considérables. On ne compte guère, en effet, que 10 à 11 000 hectares de terres cultivées, bien que les colons en possèdent 92 000. Sur les 11 000, 7 575 sont affectés aux denrées d'exportation, et le surplus aux plantes alimentaires. Les terres exploitées, celles surtout qui produisent la canne à sucre, le roucou et le coton, sont, en grande partie, des alluvions. Il n'y a guère que les cultures en gérofle et en vivres qui soient en terres hautes.

Nous avons eu occasion de remarquer que toutes les denrées des latitudes intertropicales viennent à Cayenne et peuvent s'acclimater sur les diverses parties du sol indistinctement; que néanmoins, suivant la nature des plantes, il est des terres qui conviennent davantage au plus complet développement de chacune d'elles.

En général les colons n'ont pas manqué à ces indications depuis qu'ils ont appris à apprécier les terres basses. Mais, s'ils ont donné à chaque culture le terroir le plus convenable, ils n'ont pas donné à toutes le même développement.

En 1845, la colonie comptait quatre produits principaux, le sucre, le roucou, le coton et le gérofle. Elle récoltait en sucre 1 883 934 kil., en roucou 447 955 kil., en coton 162 579 kil., en gérofle 148 102 kil.; mais depuis cette époque, ces produits se sont réduits à trois, par suite de la dépréciation qu'a subie le coton, dépréciation qui le fait abandonner. Bientôt, si cela continue, il n'en sera plus question que pour mémoire. Quant aux autres productions, elles méritent à peine d'être mentionnées. Toutefois, si celle du cacao n'est pas considérable et n'augmente pas, elle se maintient. Quant à celle du café, elle est minime et va sans cesse en décroissant. A peine si on en récolte pour la consommation du pays. Cette culture se perd, ce qui est regrettable; car le café est une denrée de première qualité à la Guyane, et il est fâcheux qu'on ne lui consacre pas exclusivement les terres hautes de l'île de Cayenne. Les montagnes de Mahury devraient en être couvertes, ainsi que de cacao. C'est une culture facile et qui conviendrait surtout au nouvel ordre de choses qui se prépare. L'on ne comprend même pas pourquoi la population libre et prolétaire d'aujourd'hui ne s'y livre pas : et elle le pourrait sans beaucoup de fatigue, et sans faire violence à ses habitudes apathiques; mais elle préfère croupir dans la ville, aimant mieux la misère avec la paresse que l'aisance et une vie confortable s'il faut se donner quelques soins et prendre la moindre peine... Au reste, si cette industrie n'est pas plus développée, cela tient peut-être encore au système général qui a présidé à la distribution des terres, ou plutôt à l'absence de tout système.

Après avoir donné une idée de l'ensemble de la population, des terres exploitées et des cultures, nous allons examiner comment elles se trouvent réparties sur le sol, dont nous apprécierons en même temps l'importance.

La partie du vent, celle qui s'étend de Cayenne jusqu'à Oyapock, est, sans contredit, la partie la plus importante de la colonie de toute façon, aussi bien pour le sol que pour les usines et les capitaux engagés dans l'exploitation; car là se trouvent, sur les meilleures terres, et l'industrie sucrière et l'industrie roucouyère. Toutes les sucreries sont, en effet, dans les quartiers d'Approuague et de l'île de Cayenne (Mahury et canal Torcy), et les roucouries les plus considérables dans le quartier de Kaw. En dehors de ces deux productions principales, on récolte aussi un peu de cacao et de café à Oyapock et dans l'île de Cayenne.

La partie sous le vent est moins riche. Cependant les terres basses du bord de la mer, à Macouria, ne sont pas sans valeur, et, jusqu'à ce jour, on y avait cultivé le coton avec le plus grand succès. Kourou, Sinnamary et Iracoubo étaient, comme Macouria, propres, sur plusieurs points, à cette culture. Mais, par suite de la dépréciation de cette denrée, un grand nombre d'établissements ont été abandonnés, surtout à Macouria, et aujourd'hui ce quartier tombe en ruines, une partie de la population ayant été transportée dans les sucreries du vent. Ainsi, du côté agricole, cette partie conserve peu d'intérêt. Mais, à un autre point de vue, elle n'est pas sans importance et mérite d'attirer l'attention. C'est, en effet, dans les vastes savanes de Kourou, de Sinnamary et d'Iracoubo que se trouvent les hattes qui alimentent la colonie. C'est aussi là qu'on rencontre, en plus grand nombre, les petites exploitations. Or, s'il existe à la Guyane quelque portion minime de la population réellement attachée au sol, ce n'est que dans cette localité qu'il faut la chercher. Cependant ces quartiers ne sont déjà plus ce qu'ils étaient il y a quelques années ; on y trouve bien encore quelques anciennes familles, mais ces familles elles-mêmes s'éteignent ou tendent à s'en éloigner, et la production bovine s'en ressent d'une manière sensible.

Quant à la Mana, c'est, comme je l'ai dit, une société à part, qui jusqu'ici n'a pas donné signe de vie.

Les quartiers de l'intérieur, à l'ouest, sont tous, à l'exception de Roura, où l'on cultive en grand le gérofle, sans aucune importance, ni quant au sol, ni quant aux usines, ni quant aux cultures. La partie du Tour de l'Ile, des Cascades, de Tonne-Grande et de Mont-Sinéry, ne présente que quelques établissements épars, et, bien qu'on y récolte un peu de tout, elle est en réalité sans intérêt.

Le tableau ci-après complétera l'idée que j'ai voulu donner de la répartition de la population, des terres exploitées et des cultures, et de l'importance respective des quartiers.

NOMS des QUARTIERS.	NOMBRE D'HECTARES EN CULTURE.											POPULATION.		
	Cannes à sucre.	Café.	Coton.	Cacao.	Gérofle.	Roucou.	Poivre.	Canelle.	Muscades.	Vivres.	TOTAL.	Libres.	Esclaves.	TOTAL.
Oyapock	65	20	108	27	80	42	»	»	»	227	489	110	494	604
Approuague	537	33	»	17	4	50	»	»	»	467	1 117	126	1 818	1 944
Kaw	»	30	»	6	52	341	»	»	»	287	803	97	951	1 048
Ile de Cayenne	441	28	378	140	41	141	»	»	»	186	1 655	69	2 644	2 713
Ville de Cayenne	»	»	»	»	»	»	»	»	»	»	»	2 841	2 379	5 220
Macouria	25	8	402	»	»	61	»	»	»	346	1 542	109	1 488	1 597
Kourou	87	»	657	»	»	43	»	»	»	211	911	262	635	897
Sinnamary	14	11	216	»	»	41	»	»	»	253	535	318	656	874
Yracoubo	5	2	70	»	»	33	»	»	»	137	247	148	312	460
Mana	4	3	8	»	»	»	»	»	»	40	55	474	48	522
Roura	85	23	»	7	496	391	6	5	2	634	1 649	132	1 829	1 961
Tour de l'Ile	168	16	111	»	85	155	6	3	»	349	917	82	1 357	1 439
Tonne-Grande	35	8	12	»	71	145	30	»	»	343	866	121	879	1 000
Mont-Sinéry	105	6	84	»	»	308	236	1	»	455	1 040	167	1 102	1 269
TOTAUX	1 571	188	2 746	197	829	1 760	273	9	2	4 251	11 826	5 056	16 592	21 648

Art. 3. — *Isolement des Quartiers et des Établissements ruraux.*

La population et les cultures réparties dans des proportions diverses embrassent l'ensemble de la surface ; et cependant un seul quartier, non pas toute la partie qui forme la division administrative, mais une faible partie de cette division, suffirait pour occuper tous les bras dont peut disposer la colonie, et fournirait plus de terres qu'on ne peut en cultiver et qu'on n'en cultive actuellement. En effet, soit qu'on voulût réunir les cultures pour les transporter toutes en terres basses, soit que, les séparant en deux catégories, on voulût les répartir à la fois et dans ces terres et dans les terres hautes, il n'est pas une rivière au vent, Oyapock, Approuague, Kaw et même Mahury, dont le cours n'offre un développement de quatre lieues au moins à travers les alluvions (ce qui pourvoirait et au delà à tous les besoins de l'exploitation actuelle), et qui ne présente, en même temps, sur ses rives des terrains favorables aux produits qui demandent un sol moins humide.

Mais, loin de consulter ses forces et de se concentrer sur un point, la population a tout occupé ; elle a tout envahi. Elle s'est établie sur les rivières, sur les bords de la mer, en terres hautes, en terres basses, partout : rien ne lui a échappé.

Ce même esprit d'envahissement, qui l'a incitée à prendre possession de la généralité du sol, d'une multitude de points à la fois, l'a également dirigée dans l'occupation de chaque point en particulier. Là aussi, sur chacun de ces points, soit en terres basses, soit en terres hautes, elle s'est éparpillée sans aucun ordre et sans aucune mesure, car l'industrie privée, qui peut à peine cultiver 10 à 11 000 hectares, s'en est cependant approprié 92 000.

Où pouvait conduire cette prise de possession exagérée, tant dans l'ensemble que dans les détails? Elle devait conduire à l'isolement des quartiers et des établissements ruraux.

Lorsqu'une population de 21 000 habitants occupe une surface de 230 lieues carrées, qu'elle l'embrasse tout entière et qu'elle s'y trouve espacée sur quatorze points à la fois, et qu'en outre cette population a pris possession réelle d'un cinquième du sol, quoiqu'elle puisse cultiver à peine le dixième de ce qu'elle s'est approprié, il est certain qu'entre les centres des divers quartiers, et, aussi, entre les centres des diverses exploitations rurales, il doit exister bien des vides, bien des intervalles inhabités plus ou moins considérables. Dans ces conditions, il ne peut y avoir ni routes générales, ni routes locales qui lient les parties de cet ensemble, pour en faire un seul corps, un seul tout compacte; chaque point doit être condamné à l'isolement; et tel est, en effet, l'aspect que présente la Guyane.

Les quartiers du vent se trouvent séparés entre eux et séparés du chef-lieu par de vastes plaines d'alluvion inhabitées. Aussi, sur un espace de 35 lieues qui est entre Cayenne et l'extrême frontière de l'Oyapock, on ne rencontre qu'une route de 3 lieues qui mérite réellement ce nom; c'est celle qui conduit de Cayenne à Mahury. Encore, pendant la saison des pluies, n'est-elle pas toujours praticable pour les voitures. Mais depuis Mahury jusqu'à Oyapock, plus de routes; car je n'appelle pas route un mauvais sentier qui se dirige sur la crête des montagnes de Roura et qui va rejoindre Kaw; c'est à peine si un homme peut y passer. De Kaw à Approuague, et d'Approuague à Oyapock, mais surtout d'Approuague à Oyapock, il n'en existe pas le moindre vestige, si ce n'est quelques traces frayées au milieu des forêts que, seul, l'œil exercé du nègre ou de l'Indien peut suivre.

Ainsi, comme on voit, tous les quartiers du vent sont sans lien entre eux et sans lien qui les rattache au chef-lieu. Ils ne communiquent et ne peuvent communiquer que par la mer, voie de communication qui certainement a ses avantages, mais qui seule est insuffisante, si l'on réfléchit surtout que les courants et les vents viennent constamment de l'est et qu'il est fort difficile de remonter.

Les quartiers sous le vent sont plus favorisés, et, sans avoir des chemins à proprement parler, ils ont des voies de communication par terre plus faciles. Cela tient surtout à la nature du sol. Ainsi, le plateau formé par les dunes de sable est assez ferme, et en même temps assez déblayé, pour que les piétons et même les cavaliers puissent y circuler. Un peu plus loin, dans l'intérieur, les savanes présentent un terrain solide et découvert, où on peut se mouvoir plus facilement encore et à moins de frais pour l'entretien.

Dans les quartiers de l'ouest, comme dans les quartiers du vent, il n'y a que quelques mauvais sentiers tracés à travers des espaces vides. Mais, comme de Cayenne il y a des rivières qui aboutissent partout, dans cette partie, les communications y sont aussi plus faciles et plus régulières, quoiqu'elles se trouvent subordonnées aux marées, ce qui est parfois un inconvénient.

Ainsi, en général, il n'y a nulle part ce qu'on peut appeler des chemins carrossables, et partout, au moins dans les quartiers qui avoisinent la côte, c'est-à-dire dans toute la partie au vent et sous le vent, il n'existe pour les transports que la voie de la mer, voie qui n'est pas toujours possible. Si donc, dans l'état actuel des choses, la Guyane n'est pas absolument impraticable par terre, c'est à la condition de ne rien produire, de ne pas donner signe de vie, d'être un désert. Si l'on peut s'y mouvoir, ce n'est qu'à la façon des Indiens et des bêtes fauves.

Faut-il s'en étonner? Mais il faudrait s'étonner du contraire. Comment, en effet, pourrait-il exister des routes passables dans un pays qui n'est qu'un vaste désert, où règne une solitude désespérante pour tout ce qui est civilisation, où la population est si faible et si dispersée en même temps qu'elle est partout et nulle part, et où l'on rencontre à peine l'ombre d'un homme. Tant que la colonie sera dans les conditions où elle se trouve placée, tant qu'elle sera espacée sur une surface immense, divisée en une multitude de districts séparés les uns des autres par de vastes plaines inoccupées et où il n'y pas un être vivant ; tant que la population ne sera pas plus agglomérée, plus compacte, la Guyane n'aura pas de routes et devra se contenter des voies de communication que la nature lui fournit, c'est-à-dire des voies par eau. Il n'y a de routes que là où il y a une richesse à exploiter et un agent qui l'exploite et la réalise. Trois conditions sont indispensables pour cela : l'élément matériel, l'élément moral et le résultat de ces forces actives et passives combinées, la production. Si on trace des routes dans un désert, ce n'est qu'à la condition d'unir de grands centres de production et de consommation qui, par les échanges qu'ils procurent, défrayent largement des dépenses qui sont faites pour les mettre en contact.

En l'état, les divers points de la colonie, sur

lesquels la population se trouve établie, ne sont pas assez importants pour qu'il y ait intérêt à les relier entre eux. On pourrait le faire, dans un intérêt d'avenir, si on avait une nombreuse population dont on eût à disposer. Alors je ne dis pas la Guyane, qui, même aujourd'hui, ne peut pas se suffire et qui est sans ressources pour un pareil travail, mais la France avancerait les fonds nécessaires à cet objet. Si, en effet, les métropoles ne sèment que pour récolter (car autrement ce serait folie, puisqu'en définitive les plus riches mines s'épuisent et que la consommation appelle forcément la production), il est certain, toutefois, qu'elles ne se proposent pas toujours un avantage immédiat. Mais dans ce moment, dans ce temps de transition, de mouvement, d'agitation, peut-on compter sur quelque chose? Peut-on compter sur une prospérité future dans un délai plus ou moins long? Sur quoi se fonder pour asseoir des espérances? Sur quelles bases tant soit peu solides s'appuyer? Où est la population, cet élément indispensable de toute production? D'où la tirer? Comment l'amener? Viendra-t-elle jamais, et dans un temps que nous puissions prévoir? Qui le sait, et que pouvons-nous raisonnablement conjecturer? En effet, ce n'est pas d'aujourd'hui qu'on se plaint de manquer de bras; et lorsque la traite n'a pu les fournir, peut-on supposer que la cessation de ce trafic les fera arriver plus facilement?

De même qu'il n'y a pas de routes générales qui lient les quartiers entre eux et les fassent converger vers un centre commun, de même dans les quartiers il n'y a pas de routes locales qui unissent les établissements et leur permettent la libre circulation des uns aux autres.

Cela devait être, puisque le même esprit d'envahissement qui a présidé à la prise de possession de l'ensemble du territoire a présidé également à la prise de possession de chacune de ses parties, et que, dans un cas comme dans l'autre, il y a eu même indifférence et même inintelligence pour forcer les individus, comme la masse, à restreindre l'occupation dans de justes bornes.

Le manque de voies de communication se fait surtout remarquer en terres basses. Cela tient, dans ces localités, à la trop grande étendue en façade sur les rivières, étendue qui, n'étant pas en rapport avec les forces, ne permet pas aux cultures d'être continues. Ces concessions auraient pu se prolonger vers l'intérieur sans inconvénient, mais auraient dû se restreindre sur le littoral dans les limites que comporte tout établissement placé dans des conditions normales d'exploitation. Si l'on avait procédé ainsi, et si l'appropriation avait été rationnelle, bien des vides n'existeraient pas ; et comme à Surinam et à Démérary, tout naturellement, sans effort, sans difficulté, des chemins se seraient établis et entretenus. Cela se comprend : le travail, dans ce cas, aurait été borné, et, comme il aurait pu être commandé dans de justes limites, il aurait été exécuté partout sans peine.

Au lieu de cela, ce sont des étendues en façade qui n'en finissent pas, et où, par cela même, il est impossible de poser le pied. Il n'existe pas, en effet, dans aucun quartier, surtout au vent de Cayenne, le canal Torcy excepté, deux établissements dont les terres cultivées se touchent et qui communiquent entre eux par la voie de terre. Ce n'est pas chez nous comme chez nos voisins : on n'aperçoit nulle part se dérouler le long de nos cours d'eau une chaîne non interrompue de cultures, sans solution de continuité, et dont les divers chaînons soient autant d'exploitations unies entre elles. On ne voit partout que des établissements épars, et sans liens de communication. En suivant les rivières, si on rencontre quelques rares usines, ce n'est que de loin en loin; mais toujours on les trouve seules, isolées, ne se rattachant à rien de vivant; car, de tous côtés, autour de ces habitations, ce sont des vides, des intervalles inoccupés, de l'eau, des marécages; elles sont noyées, en quelque sorte, au milieu d'une nature encore vierge.

Telle est l'organisation matérielle de la colonie, dont nous aurons plus tard à examiner les effets.

§ 2. — Organisation politique[1].

Article premier. — *Institutions.*

Les institutions politiques ne sont pas en harmonie avec les besoins et l'état moral du pays, et, au lieu de venir en aide à l'organisation matérielle, elles ne font qu'aggraver l'état fâcheux résultant

[1] Les détails de cette section sont empruntés aux *Notices statistiques* et à l'ordonnance du 27 août 1828, modifiée par celles du 24 septembre 1831 et 22 août 1833.

de cette organisation. Quant à présent, nous n'avons qu'à exposer quelles sont ces institutions dont nous aurons bientôt à apprécier l'influence sur la prospérité générale.

ART. 2. — *Constitutions.*

La société coloniale, on le sait, est un État à esclaves, dans lequel une partie de la population est libre et jouit de la plénitude de ses droits, tandis que l'autre partie n'en a aucun. Cette société ne vit pas de sa propre vie; elle est une émanation de la société métropolitaine, à laquelle elle est subordonnée et de laquelle elle reçoit l'impulsion. La métropole, en effet, exerce la souveraineté et s'est réservé le pouvoir constituant, une partie du pouvoir législatif et le pouvoir exécutif, en ce qui concerne les nominations aux emplois de l'ordre administratif et judiciaire. Par la loi du 24 avril 1833, elle a doté la colonie d'une espèce de constitution, et y a introduit le système représentatif. Cette loi, qui a eu pour objet de régler le régime législatif des colonies, a créé à la Guyane un conseil colonial local, composé de seize membres nommés par l'élection, et qui partage avec le pouvoir exécutif et le pouvoir législatif de la métropole le droit de régler par des décrets, sur la proposition du gouverneur et la sanction du roi, toutes les matières qui ne sont pas réservées aux lois de l'État et aux ordonnances royales. Ainsi le pouvoir législatif, en ce qui concerne la colonie, est exercé par trois pouvoirs distincts, qui ont chacun dans leurs attributions le soin de réglementer certaines matières. Cette même loi du 24 avril 1833 a institué le régime municipal, mais seulement pour la ville de Cayenne. Dans les quartiers, il n'y a, en fait de fonctionnaires, qu'un délégué du pouvoir central.

Art. 3. — *Gouvernement.*

Le gouvernement à la Guyane est réglé par l'ordonnance du 27 août 1828, modifiée par celles du 24 septembre 1831 et 22 août 1833. Il se compose d'un gouverneur, de trois chefs d'administration, d'un contrôleur et d'un conseil privé. A la tête du gouvernement, il y a le gouverneur, qui est le représentant du roi ; il a le commandement général et la haute administration, et, comme il n'y a pas de commandant militaire à Cayenne, tout ce qui concerne le personnel de ce service est placé sous son autorité immédiate. Sous ses ordres, trois chefs d'administration dirigent les divers services : un ordonnateur, un directeur de l'intérieur et un procureur général. Les fonctions d'ordonnateur et de directeur de l'intérieur sont réunies dans une même main. En cette double qualité, l'ordonnateur a dans ses attributions tout ce qui concerne l'administration de la marine, de la guerre, de l'intérieur, de la police générale, des finances, de l'agriculture, de l'industrie, du commerce, des travaux publics, de l'instruction publique, etc.

Le procureur général, comme chef d'administration, a dans ses attributions tout ce qui concerne la justice.

Le contrôleur veille à la régularité des services administratifs.

Enfin le conseil privé[1], placé près du gouvernement comme un conseil d'État, éclaire ses décisions et participe même à ses actes dans des cas déterminés[1].

[1] Ordonnance du 21 décembre 1828.

Art. 4. — *Personnel civil et militaire.*

Le personnel civil et militaire salarié, chargé de faire marcher la machine gouvernementale, est de 940 personnes environ. Le total du personnel administratif est de 181 ; celui de l'ordre judiciaire est de 24 ; en tout, pour le civil, de 205. Quant aux forces militaires, le chiffre total présente un effectif de 739[1].

Art. 5. — *Budget, dépenses et recettes*[2].

Le budget pour subvenir aux besoins de ces divers services est de 1 446 710 fr. Les dépenses se divisent en deux catégories, celles de souveraineté et de protection, et celles d'administration intérieure. Les ressources de la colonie sont hors de proportion avec cette dépense ; aussi n'en supporte-t-elle pas la plus grande partie, et n'y intervient-elle que pour un peu plus d'un cinquième. Il est pourvu aux dépenses de souveraineté et de protection, au moyen de fonds alloués par le budget de l'État, et aux dépenses d'administration inté-

[1] *Notices statistiques*, p. 190 et suiv.
[2] *Notices statistiques*, p. 210 et suiv.

rieure, au moyen, 1° du produit des contributions publiques de la colonie, et 2° d'une allocation sur les fonds de 1 million de la rente de l'Inde, qui a été accordée en subvention aux colonies.

Le produit des recettes locales est de 255 222 fr., et c'est pour cette somme seulement que la colonie entre dans la dépense totale de 1 446 710 fr.

§ 3. — Résultats.

Par l'examen de la topographie des lieux, du développement historique et de l'état actuel de la colonie, nous avons pu juger de l'importance du territoire, des moyens employés pour le mettre en valeur et du résultat obtenu jusqu'à ce jour. De cet examen comparatif, il appert que le résultat est nul. Nous avons dit, en effet, que la Guyane n'offre quelque intérêt pour la métropole qu'au point de vue agricole. Or, les denrées d'exportation, les matières échangeables, ne s'élevaient en 1845 qu'à 1 746 443 fr., et la France, pour procurer à l'industrie métropolitaine des échanges pour cette somme, dépense annuellement 1 191 488 fr.[1] Évi-

[1] *Notices statistiques.*

demment un pareil résultat, qui tend encore à décroître, est complétement négatif[1]. Où est le mal? Où en est la cause? C'est ce que nous rechercherons dans le chapitre suivant.

CHAPITRE II.

Vices de la colonisation. — Conséquences de l'organisation matérielle. — Conséquences de l'organisation politique.

SECTION PREMIÈRE.

VICES DE LA COLONISATION.

En donnant un aperçu de la constitution physique du pays, de son histoire et de sa situation actuelle, j'ai fait remarquer combien étaient grandes et variées ses ressources, et combien peu cependant la colonisation y était développée. J'en ai attribué la cause moins encore à l'insuffisance des moyens mis en œuvre qu'aux fautes qui ont

[1] Le peu de mouvement qui anime la Guyane n'est pas à elle et lui vient du dehors. Son existence est problématique; elle est factice, car elle est sans bases, sans racines dans le sol; aussi, pour ceux qui ne s'arrêtent pas à la superficie, c'est un malaise général, c'est une misère effrayante que masquent à peine les aumônes de la métropole.

été commises; car, parmi ces fautes, s'il en est de secondaires, il en est aussi de capitales qui ont placé la colonie dans les plus mauvaises conditions d'existence. Ces conditions, si elles ne sont pas modifiées, sont pour le pays un arrêt de mort. Elles sont telles qu'il ne peut ni prospérer ni vivre, et que forcément tout doit s'y éteindre dans un temps prochain.

Coloniser, c'est animer un pays, le faire fructifier, le mettre en valeur. Le sol fournit la substance et l'homme donne la vie. Dans toute entreprise de colonisation, comme dans une entreprise quelconque, il importe, avant d'agir, de faire des études préliminaires pour reconnaître les lieux. Sans ces études, il est impossible de procéder avec ensemble, et sans vues d'ensemble il est impossible de réussir. Comment, en effet, sans une connaissance exacte de la localité, déterminer le point de départ de la colonisation? détermination essentielle, cependant, car c'est la base sur laquelle elle doit pivoter. Or, l'édifice sera plus ou moins solide, suivant que cette base sera plus ou moins bien établie.

Ce point déterminé, si la colonisation veut rester toujours maîtresse des difficultés, elle doit s'y concentrer d'abord, ne se développer que successivement d'une manière continue, et ne s'étendre qu'au fur et à mesure de l'adjonction de nouvelles forces. C'est le moyen de poser tout naturellement le fondement d'un centre où la population viendra s'agglomérer, et qui sera, dans l'avenir, un foyer civilisateur pour les exploitations rurales environnantes; c'est encore le moyen d'assainir peu à peu le terrain, en éloignant progressivement du point central les germes plus ou moins malsains qu'on rencontre toujours sur un sol neuf; c'est enfin le moyen de créer, sans effort, des voies de communication faciles. Dans ces conditions, la colonisation doit prospérer sous tous les rapports, au point de vue matériel, comme au point de vue moral. Car, dans ces conditions d'organisation, il n'y a point d'entraves qui s'opposent au développement des forces tant actives que passives de l'exploitation.

Est-ce ainsi qu'on a procédé à la Guyane? En traçant le tableau d'ensemble, nous avons présenté l'état du pays, et l'on a pu remarquer, dans cet exposé, combien sa constitution agricole s'éloignait de la marche qu'à notre sens on aurait dû suivre.

La raison indique, quand on prend possession d'un territoire entièrement neuf, et que la main de l'homme n'a pas encore touché, d'exploiter, en premier lieu, les bords des rivières. A cet égard, et sauf une exception que nous avons signalée, les colons n'ont pas manqué à cette indication, qui s'offre naturellement à l'explorateur. Seulement, ils n'ont pas su se borner, et, au lieu de mesurer l'occupation à leurs forces, nous avons vu qu'ils se sont établis partout simultanément, quoique sans moyens proportionnés. Il n'est pas, en effet, une rivière, pas même une crique dans la zone où se trouvent les cultures, qui ne présente encore quelque cabane, ou quelque débris de cabane abandonnée. On ne peut pas faire un pas dans cette vaste contrée sans que l'on ne se dise sans cesse : « Un homme a passé par ici et y a vécu quelques instants. » En présence d'une riche proie, les colons ont voulu l'engloutir tout entière, et, comme ils désiraient beaucoup, ils ont cru qu'ils pouvaient beaucoup. Nous avons vu encore que sur les rivières, dans les marécages, partout, chacun s'est établi à sa guise, et a semé çà et là des plantations au gré de ses caprices et de ses fantaisies. Aussi ne remarque-t-on, nulle part, ni population agglomérée, ni voies de communication, ni foyers civilisateurs qui concentrent l'activité et la répandent autour d'eux. On n'aperçoit nulle part la moindre trace de la vie commune. C'est partout l'isolement, partout l'homme seul en présence de la nature qui l'écrase.

Je demande à tous ceux qui connaissent la puissance de la végétation dans les régions intertropicales et les qualités malfaisantes des eaux stagnantes en quelque lieu que ce soit, et surtout sous un climat brûlant, s'il est possible que, dans ces conditions, une société, je ne dis pas prospère, mais vive? Évidemment, non. Elle renferme dans sa constitution physique des germes de mort; elle n'est pas dans des conditions viables, et, sans ces conditions, la population ne peut que languir et décroître. Un pareil ordre de choses doit exercer, en effet, une influence pernicieuse sur le bien-être matériel et moral des populations, sur les cultures et l'industrie en général, et enfin sur l'ordre public, en ce qui concerne la discipline des ateliers et l'autorité dominicale. Les Hollandais ont parfaitement compris que, dans ces régions, surtout en terres basses, la colonisation demande l'union et la concentration des forces pour surmonter les obstacles qui se présentent de toutes parts. C'est ce qui explique leur supériorité et notre infériorité, quoique nous ayons opéré sur le même terrain. Dans leur exploitation, on voit percer partout l'ordre, l'esprit de système et d'association, tandis que, dans notre prise de possession, on ne voit que désordre, manque de vues d'ensemble, décomposition de forces, isolement.

Les conséquences déplorables de l'organisation matérielle se trouvent aggravées encore par l'organisation politique. C'est en effet un luxe d'institutions que ne comporte pas le pays. Ces institutions sont trop larges pour une société qui non-seulement n'a pas une santé robuste, mais qui même n'est pas venue à la vie et qui est à créer. Comme nous l'avons déjà dit, elles ne sont pas en harmonie avec son importance et avec sa situation morale. Aussi, loin de multiplier les forces, elles les annihilent, et les détournent du but au lieu de les y faire converger.

SECTION II.

CONSÉQUENCES DE L'ORGANISATION MATÉRIELLE.

§ 1er. — Bien-être matériel et moral des populations.

Un fait constant, c'est que la population décroît. D'où vient cette décroissance? D'où vient qu'il n'y a pas au moins équilibre entre les naissances et les décès? Où en est la cause?

On attribue la décroissance de la population à diverses causes : à l'acclimatement, à la disproportion des sexes, à l'esclavage, au libertinage. Je conviens que la génération actuelle, provenant en grande partie de la traite et ayant dû s'acclimater, a pu faire des pertes dans cet acclimatement; je conviens encore que, les hommes ayant été importés en plus grand nombre que les femmes, les naissances ont pu être, à ce point de vue, en disproportion avec les décès. Ce qui prouve, en effet, que l'acclimatement et la disproportion dans l'importation des sexes ont eu quelque influence sur le mouvement de la population, c'est que, dans la période de dix-sept ans qui s'est écoulée depuis la cessation de la traite jusqu'à ce jour, la décroissance dans les dernières années a été un peu moindre. Je ne conteste pas non plus que le libertinage et l'esclavage ne contrarient la marche régulière et progressive de son développement; mais je ne puis admettre qu'ils expliquent sa décroissance; car, comme l'esclavage, les mœurs de la Guyane existent également aux Antilles, et cependant, à la Martinique et à la Guadeloupe, la population esclave se maintient, et même s'accroît dans l'une de ces colonies. Au reste, quant au libertinage, s'il est vrai que la prostitution altère la faculté génératrice et rende stérile; s'il est vrai qu'elle s'oppose à la fécondation, ce serait se tromper grossièrement que d'assimiler les femmes esclaves des colonies aux prostituées de nos sociétés civilisées. Leurs mœurs sont extrêmement libres, et elles se livrent facilement, j'en conviens, mais elles ne se vendent pas; en général, tout calcul d'intérêt n'est pour rien dans leur abandon. Elles se donnent pour obéir à un penchant, à un désir, à un besoin plus ou moins vif des sens, mais non pas par métier. Les noirs esclaves se prennent et se laissent sans formalité, par caprice et par fantaisie, et ils restent ensemble tant que ce caprice et cette fantaisie persistent; ils se quittent avec la même facilité qu'ils se prennent, et cela sans rougir, sans embarras, et comme d'une chose toute simple et toute naturelle. Il n'entre pas le moins du monde dans leur pensée qu'on puisse être tenu de vivre avec quelqu'un, lorsqu'il n'y a pas sympathie ou lorsque cette sympathie a cessé. Ils ne connaissent le mariage que de nom, et ceux qui sont mariés ne se conduisent pas autrement que ceux qui ne le sont pas; c'est assez dire qu'ils ne comprennent pas les obligations qu'il impose, et que le mariage pour eux n'est qu'une vaine formule dont ils n'apprécient pas l'importance sociale.

Au surplus, ils ne comprennent pas plus les relations paternelles, maternelles et filiales que les relations conjugales. Cependant on ne peut pas dire que la mère soit complétement indifférente au sort de son enfant; mais sa tendresse ne se manifeste que dans des bornes on ne peut plus restreintes, et ne s'écarte guère de cet instinct que la nature a dévolu à toutes les mères vis-à-vis de leur progéniture, même aux brutes. A ce faible sentiment de la famille et des devoirs qui en sont la conséquence, répond une religion aussi peu élevée. Dominés par les superstitions les plus absurdes, le plus grand nombre se prosternent encore devant la matière la plus grossière ; car leurs dieux sont de boue et de bois, et ils adorent leurs *gris gris*.

Mais, malgré l'état d'imperfection morale et religieuse dans laquelle se trouvent les noirs esclaves de nos colonies et surtout de Cayenne, on ne peut pas assimiler les mœurs des femmes, ou, si l'on veut, leur libertinage, à la prostitution proprement dite, dont l'influence sur la fécondité et sur la reproduction de l'espèce est si pernicieuse.

Ainsi, en résumé, toutes ces causes peuvent bien agir défavorablement sur la population, mais me paraissent secondaires et insuffisantes pour expliquer complétement sa décroissance. La principale pour moi, c'est le milieu dans lequel elle vit. On a dit, et c'est avec raison, ce me semble, que les établissements à la Guyane, jetés au milieu d'eaux stagnantes, ne sont pas des demeures pour vivre, mais des tombeaux pour mourir. Ce sont, en effet, des foyers pestilentiels d'où s'élèvent, à des époques périodiques, alors que les marais se dessèchent, des miasmes délétères qui pénètrent dans l'économie

7

animale et la désorganisent ; à cette cause si puissante de destruction, se joint l'absence de tout secours médical, et le manque de médecins dans des localités où leur ministère serait souvent indispensable. Comme nulle part, dans les quartiers, la population n'est agglomérée, tous les moyens de cure qu'on rencontre là où des hommes réunis existent à côté des habitations rurales manquent entièrement aux habitants des campagnes. Sans doute, sur toutes les grandes exploitations, il y a des infirmeries où l'humanité s'exerce et prodigue tous ses soins; mais, dans bien des cas, l'art de l'infirmier est insuffisant, soit pour traiter le mal, soit même pour en reconnaître la gravité et en constater les caractères. Ce n'est pas le bon vouloir qui manque, mais le colon a tant à faire qu'il ne saurait suffire à toutes les exigences de sa position; car il faut qu'il se multiplie pour pourvoir à tout : il faut qu'il soit à la fois homme de théorie et de pratique, homme politique, législateur, magistrat, économiste, médecin, vétérinaire, mécanicien, cultivateur, manufacturier, que sais-je!!! Quelle est la capacité humaine qui pourrait satisfaire à toutes ces exigences? et cependant, je le répète, c'est là la position du colon à la Guyane française[1].

L'isolement des établissements, dont la situation est si fâcheuse pour la santé des cultivateurs, nuit encore, sous un autre rapport, à leur bien-être matériel. Là, en effet, où il n'y a ni marchés, ni routes, quel est le stimulant qui peut exciter le noir à produire au delà du strict nécessaire, du moment qu'il ne peut pas trouver un débouché pour les produits

[1] Au sujet des nombreuses difficultés locales qu'on rencontre à la Guyane, je me demande s'il est bien vrai, comme on le prétend, qu'il y ait parité de charges entre l'industrie sucrière coloniale et l'industrie sucrière métropolitaine. A l'occasion, en effet, de la question des sucres, lorsque les colons réclament le droit de vivre, on leur dit : C'est avec raison que vous avez attaqué le privilége, lorsqu'il existait à votre préjudice et au profit des sucriers de betterave; mais, à votre tour, vous ne pouvez pas demander qu'il soit rétabli en votre faveur; tout ce que vous pouvez exiger, c'est l'égalité de conditions, et cette égalité existe par le nivellement des droits. C'est à vous maintenant de vous mettre en mesure de lutter avec avantage contre vos adversaires; et vous le pouvez, car la canne est beaucoup plus riche que la betterave en matière sucrée. Faites donc comme vos rivaux : appelez à votre secours la science, perfectionnez votre industrie, redoublez d'activité et d'intelligence, etc., etc. Mais ces raisons sont-elles fondées, et suffit-il, en effet, aux colons d'être intelligents et actifs pour rendre leur position identique? N'y aura-t-il pas toujours des conditions qui, quoi qu'ils fassent, jetteront constamment dans la balance un poids en faveur de leurs concurrents, si la législation ne rétablit pas l'équilibre? est-ce que leurs efforts, quels qu'ils soient, pourront jamais faire disparaître les distances, rapprocher les colonies des centres de la

de sa petite industrie? Que lui importe le superflu, s'il ne peut l'échanger pour ce qui lui manque?

Telle est, dans l'état actuel des choses, la position des établissements qui sont placés sur les alluvions, c'est-à-dire la position de toutes les grandes exploitations, et par conséquent de ce qui constitue réellement la colonie. Le cultivateur est enterré vivant dans un marécage, et là il aspire la mort sans pouvoir la combattre et sans pouvoir tirer

science, des marchés immédiats, des lieux de consommation et empêcher que l'éloignement ne soit la cause d'un surcroît considérable de dépenses? est-ce qu'ils les placeront au milieu d'ouvriers intelligents et nombreux qui leur donneront de bons contre-maîtres et tous les bras dont ils auront besoin? est-ce qu'ils feront que l'industrie coloniale ne s'exerce pas dans un ordre social en dissolution, qui l'entrave dans le présent, ne l'assure pas dans l'avenir et la menace, au contraire, de mort dans son élément capital, la population; car, tous les jours cette population lui échappe et doit lui faire complétement défaut d'un moment à l'autre. Est-ce qu'ils feront renaître la confiance qui s'en va en présence de l'incertitude qui règne sur le sort des colonies? est-ce qu'ils ramèneront les capitaux et le crédit qui se retirent ne trouvant plus de sécurité? Rien de cela n'est au pouvoir des colons. Or, toutes ces circonstances, et bien d'autres encore qui sont écrasantes pour eux, sans qu'ils puissent s'en affranchir, ne pèsent pas sur les sucriers de la métropole. Dès lors est-il bien exact de dire qu'il y a égalité de conditions entre les deux industries? La phraséologie peut avoir, comme les chiffres, un talent merveilleux pour tout harmoniser sur le papier; mais, en réalité, ce n'est pas ainsi que se passent les choses.

parti de son travail. Croit-on que dans ces conditions, et tant qu'elles ne seront pas modifiées, l'habitant des terres basses continuera d'y résider le jour où on lui permettra de se déplacer et de changer son domicile? ce serait folie de le supposer.

Si telles sont les conséquences de l'organisation matérielle, au point de vue du bien-être matériel, nous allons voir qu'elles ne sont pas moins fâcheuses au point de vue du bien-être moral, et que cette organisation est un obstacle à toute moralisation et à tout progrès quelconque en civilisation.

Civiliser, moraliser, c'est cultiver l'esprit et le cœur, et cette éducation ne peut être confiée dans la colonie qu'au prêtre. A lui la mission d'agir sur ces populations abruties; à lui la mission d'épurer leurs âmes et de les élever à la contemplation de Dieu. C'est par la religion qu'a commencé l'éducation de tous les peuples, et c'est par la religion qu'il faut aussi commencer avec nos noirs. Une religion épurée, c'est la première initiation à la vie libre. Mais pour que le prêtre accomplisse le devoir qui lui est imposé, il importe qu'il soit constamment en contact avec ses paroissiens; qu'il puisse se transporter facilement sur tous les points, et que, tout aussi facilement, on puisse venir à lui. La religion est le pain de la misère; c'est la manne du pauvre; et le prêtre, s'il comprend bien sa mission, sera son dieu sur la terre, en même temps qu'il sera l'instrument le plus efficace de la civilisation. Mais l'œuvre de la moralisation est fort difficile à la Guyane, pour ne pas dire impossible; car, sur quel point placer les missionnaires dans les divers quartiers où la population n'est nullement agglomérée? Prenons Approuague pour exemple. On a établi dans ce quartier, au confluent des deux rivières de Courouay et d'Approuague, une caserne, une chapelle et un presbytère. Ce point serait parfaitement choisi comme centre, si la colonisation se déroulait régulièrement et sans interruption le long de ces cours d'eau. Mais il n'en est pas ainsi; le bourg, dans le lieu où il est, se trouve jeté, comme un ilot, au milieu d'une vaste mer de marécages, et le prêtre, comme tous ceux qui l'habitent, ne peut faire un pas. Ils n'ont pour se mouvoir que la rivière, et pour se rendre d'un lieu à un autre, il faut attendre la marée, avoir tout un attirail avec soi, bateau, canotiers, etc., etc. Comment, en pareil cas, le ministère du prêtre serait-il efficace? Évidemment, soit qu'il s'agisse de répandre l'éducation religieuse, soit qu'il s'agisse d'administrer les secours spirituels, la localité s'oppose à ce qu'il puisse s'exercer d'une manière utile. L'éducation religieuse, pour fructifier, doit être incessante et de tous les instants; comme aussi, si un malade a besoin de secours, il faut qu'il puisse les recevoir promptement, car le malade souvent n'a pas le temps d'attendre. Comment le prêtre satisfera-t-il à ces exigences, séparé qu'il est de ses paroissiens par de grandes distances, des intervalles impraticables par terre, et par les obstacles sans nombre que lui présente le milieu dans lequel il vit, et où il n'est pas toujours possible à l'homme d'agir quand le service le demande? Le pasteur visite bien ses ouailles; il se rend bien de temps en temps sur les habitations; mais que signifient les rares apparitions qu'il y fait? Son action n'est pas assez suivie, assez permanente pour que les instructions qu'il donne puissent porter de bons fruits. Je ne crains pas de l'avancer, l'organisation d'un bon système de moralisation dans beaucoup de localités à la Guyane exigerait presque un prêtre par exploitation.

En présence de ces difficultés, faut-il s'étonner si les noirs de notre colonie sont si arriérés ! Faut-il s'étonner si, en morale, ils ne connaissent que leurs appétits et leur instinct, et si, en religion, ils en sont encore au fétichisme !

Ces mêmes circonstances, qui s'opposent à tout progrès dans l'ordre moral et religieux, s'opposent également à tout progrès dans l'ordre politique et sont un obstacle insurmontable aux améliorations sociales. Nous venons de remarquer, en effet, que l'habitant des terres basses, qui sont, en quelque sorte, les seules terres exploitées aujourd'hui, ne continuerait pas d'y résider s'il était libre, et que par cela même, en l'état, l'abandon de la culture des alluvions suivrait immédiatement l'émancipation; nous allons voir maintenant que, dans ces mêmes conditions, la mission civilisatrice du gouvernement ne peut pas s'exercer davantage, et qu'à la régularité de son action se substituent nécessairement l'irrégularité et les tiraillements de l'action individuelle; substitution qui est incompatible avec le maintien de l'ordre public et par conséquent avec tout progrès.

§ 2. — Ordre public. — Discipline des ateliers. — Puissance dominicale.

L'organisation matérielle ne permet pas au pouvoir de se développer avec facilité; aussi ne peut-il pas être présent partout en temps utile[1]. De ce défaut de manifestation et d'intervention permanente, il résulte, en effet, un état violent, anarchique, passionné, qui ne fléchit et ne s'incline qu'en présence de la force brutale. C'est ainsi que les ateliers exagèrent la résistance et les maîtres l'autorité : les uns sont plus portés à l'indiscipline et les autres à l'abus de la puissance dominicale.

Mais cet état de choses était surtout sensible il y a une vingtaine d'années. A cette époque, en effet,

[1] Pour montrer un des vices de cet état de choses, je préciserai un fait qui se renouvelle fréquemment. Souvent, en effet, à tort ou à raison, les noirs quittent leur atelier et se rendent à Cayenne pour se plaindre de leur maître. Or, en admettant que l'autorité fasse son devoir, qu'elle réprime les écarts lorsque les plaintes ne sont pas fondées, qu'elle mette de la promptitude à régler l'affaire, et qu'enfin elle prenne des mesures pour faire rentrer au plus tôt les ouvriers sur les établissements, toutes choses, au reste, dont l'examen ne rentre pas dans le cadre que je me suis tracé, qu'arrive-t-il cependant, qu'arrive-t-il nécessairement par la seule force des choses? Il arrive qu'en raison du seul centre où l'autorité réside et des difficultés de communication avec ce centre, l'action du pouvoir ne peut jamais s'exercer assez à temps et de manière que ce déplacement ne dérange pas l'économie des travaux.

un grand nombre d'ateliers étaient composés, en majeure partie, de noirs de traite. Ces noirs de mœurs bien différentes des nôtres, à moitié sauvages, habitués à la guerre et peu au travail, ne connaissant pas notre langue, ne sachant pas trop ce qu'on voulait faire d'eux, impatients d'ailleurs d'un joug qui leur imposait l'obligation de travailler, n'apercevant pas, à portée, une force matérielle capable de les maintenir et de leur en imposer; ne comprenant pas le pouvoir moral du maître, car, pour eux, le pouvoir se mesure par la force matérielle visible; voyant en outre devant eux l'immensité des forêts de la Guyane sans que rien pût les empêcher d'y pénétrer, désertaient l'atelier, souvent en masse, quand il ne leur arrivait pas de se révolter contre l'administrateur.

Le maître, de son côté, pour prévenir ou réprimer les écarts et la fuite, se montrait parfois d'une rigueur excessive et employait, pour maintenir l'ordre, des moyens qui répugnaient à l'humanité. Voilà ce qu'on voyait il y a de vingt à trente ans; mais il faut dire qu'aujourd'hui les choses sont bien changées, et que l'esclavage est aussi doux qu'il a pu être dur autrefois. Il est certain que, sur le plus grand nombre des exploitations rurales, c'est à peine si l'on s'aperçoit que c'est sous le régime de l'esclavage que l'on vit[1].

Mais quels que soient les progrès des mœurs, ou plutôt en raison même de ces progrès, il est regrettable que le pouvoir, l'autorité, la loi ne puissent pas se montrer davantage, et qu'ils ne soient pas assez visibles. C'est un inconvénient dans les sociétés libres, et à plus forte raison dans les États à esclaves; c'est surtout fâcheux dans les circonstances actuelles où il serait utile que la volonté publique se manifestât claire, précise, pleine et entière. Les idées nouvelles pénètrent partout, mais les esclaves ne savent qu'une chose, c'est que l'autorité du maître s'amoindrit et qu'il a des obligations envers eux. Tout le monde le leur dit, les fonctionnaires publics comme leurs amis particuliers; mais, quant à leurs obligations, personne ne se met en peine de leur apprendre qu'ils en ont aussi à remplir envers leurs maîtres; personne ne s'inquiète de leur rappeler que le travail est une

[1] Si l'on peut citer encore quelques rares abus, il ne faut pas cesser de répéter que ce ne sont que des exceptions qui ne prouvent rien contre l'humanité des colons en général.

nécessité de notre nature, que l'espèce humaine y est condamnée, et que, ce que l'on exige d'eux dans l'état d'esclavage, ils seraient forcés de le faire spontanément dans l'état de liberté. Cependant, si on ne veut pas désorganiser, et telle ne peut être la pensée du gouvernement, nous sommes dans un temps où il faut que chacun connaisse son droit et puisse le faire respecter. Le maître a des devoirs, mais l'esclave en a aussi, et il faut que chacun remplisse les siens. C'est le seul moyen de ne pas rompre le lien social et de maintenir l'ordre.

§ 3. — Cultures et industrie.

Les cultures et l'industrie se trouvent compromises comme l'ordre, car tout souffre de cet état de choses, la population, la production et tout le système en général.

Le colon, en effet, étant seul, isolé, abandonné à ses propres ressources, ne peut faire faire aucun progrès ni à la culture, ni à la fabrication, ni à rien qui s'y rattache d'une manière plus ou moins directe ; car il n'a que ses moyens personnels pour marcher, et il faut qu'il tire tout de son cerveau.

Il ne se vivifie pas au contact de ses semblables, et c'est cependant à ce contact qu'il multiplierait ses forces. Ce sont les relations continues entre les hommes, leurs rapports journaliers qui les animent, qui les excitent à s'égaler, à se surpasser, et qui les mettent à même de profiter de l'expérience les uns des autres. De là naissent les améliorations, les perfectionnements dans les méthodes agricoles et industrielles, et ce n'est qu'à ces conditions qu'on avance. Il faut voir, observer, comparer, et avoir le désir de mieux faire que ce que l'on a fait; et, pour cela, il faut connaître autre chose que ce que l'on a fait soi-même.

Ainsi, au point de vue du perfectionnement des méthodes à employer dans l'exploitation, l'isolement intéresse la production et lui est préjudiciable. A un autre point de vue, il a encore l'inconvénient d'augmenter les frais généraux, c'est-à-dire les travaux en dehors de leur application directe à la production. Je m'explique : l'établissement rural, posé seul au milieu des marécages, a à se défendre à la fois sur tous les points contre les eaux; ce qui occasionne un entretien considérable de digues, entretien qui serait minime si, appuyé par les côtés sur des établissements voisins également exploités, il n'avait qu'à se préserver, sur le devant, contre les eaux de la rivière et de la marée, et sur le derrière, contre les eaux douces des marécages. C'est ainsi que souvent on est obligé de détourner de la culture une partie des forces de l'atelier pour les employer à des travaux qui y sont étrangers.

Telles sont les conséquences de l'organisation matérielle; et il est évident qu'une organisation qui, considérée sous le rapport agricole et industriel, est un obstacle au perfectionnement des méthodes de travail, occasionne une augmentation de frais généraux et ruine la production; qui, considérée sous le rapport politique, paralyse l'action du pouvoir, porte atteinte à l'ordre public, et est un obstacle à toute amélioration sociale; et qui enfin, considérée sous le rapport de la population, compromet à la fois son bien-être matériel et moral et même son existence, et tend à anéantir la colonie, est une organisation essentiellement vicieuse, dont les conséquences sont déplorables.

SECTION III.

CONSÉQUENCES DE L'ORGANISATION POLITIQUE.

§ 1er. — Des conséquences de l'organisation politique au point de vue de la constitution.

Pour apprécier l'influence désorganisatrice des institutions, examinons, en peu de mots, quelle est la situation morale du pays, en ce qui concerne la population libre.

La religion et la moralité privée n'ont pas une relation assez directe avec mon sujet pour que je m'en occupe, et je passe immédiatement à l'appréciation de la moralité sociale. Il n'y a pas à Cayenne d'esprit public, il n'y a rien de ce qui pousse les peuples vers l'intérêt général et vers l'avenir. D'où vient ce manque de sens social? Les motifs les plus concluants se tirent des éléments divers qui composent la population. Cette population, en effet, peut se diviser en deux classes bien distinctes : l'une permanente, attachée au sol, sans intention et sans possibilité d'en sortir, mais apathique et sans conscience de ses intérêts généraux; l'autre, au contraire, flottante et ayant toujours le désir, sinon la liberté, de quitter la place. Cette dernière classe comprend la portion commerçante, proprement dite, qui n'a aucune racine dans le pays, et la portion industrielle, qui, quoique possédant des immeubles, ne considère l'exploitation rurale que comme une industrie n'emportant avec elle ni fixité, ni stabilité. Tous vivent au jour le jour et sans songer au lendemain, avec cette différence cependant que, si les premiers ne se préoccupent pas de l'avenir, c'est par ignorance et parce qu'ils ne comprennent pas le péril de la situation; tandis que, si les seconds n'en prennent nul souci, c'est parce que leur intérêt est tout actuel et ne les pousse pas à jeter leur regard en dehors du présent. Cela se conçoit quant à ces derniers; pour la plupart, en effet, ils ne sont pas nés sur cette terre que, dans leur pensée, ils n'habiteront qu'en passant; car, comme ils ne jugent pas qu'elle offre des garanties de durée et qu'elle soit dans des conditions viables, ils ne veulent ni y vivre ni y mourir, et reculent devant toute idée de poser dans le pays les bases d'un domicile définitif pour eux, leurs familles et leurs descendants[1]. Ainsi les uns dor-

[1] Il n'est pas une famille, dans cette partie de la population, qui ne fasse tous ses efforts pour pousser les siens en dehors de la voie

ment, et ne songent pas, ne peuvent pas songer à réorganiser les choses au milieu desquelles ils ne vivent pas, mais végètent; et quant aux autres, comme ils ne supposent pas possible une organisation meilleure, et que celle qui existe suffit à leurs calculs, ils ne poussent pas à la réforme et ne l'encouragent pas. Tout cela est dans l'ordre des choses.

Avec de pareils éléments, les forces sociales, au lieu de converger vers un but commun déterminé et d'avenir, ne peuvent qu'occasionner des tiraillements en sens contraire, et établir la désorganisation en permanence. La population n'a donc pas en elle le principe d'un corps politique qui puisse, quant à ce point de vue, régler d'une manière satisfaisante les affaires du pays; qui puisse s'enquérir de ce qu'il est, et où il va; qui puisse enfin le ramener dans des conditions normales d'existence et de développement, et lui donner cette impulsion qui importe si essentiellement à sa prospérité. Aussi, pour ma part, je n'ai jamais compris qu'on ait doté la Guyane d'institutions représentatives; institu-

coloniale, et qui ne cherche à leur créer une position indépendante des destinées précaires du pays.

tions qui ne sont faites que pour des peuples mûrs, ayant une civilisation avancée, qui comprennent le sol sur lequel ils vivent et qui désirent s'y fixer d'une manière permanente. Avoir appliqué le système représentatif à cette colonie, c'est avoir donné une âme pour un corps qui n'existe pas. Il faut donc constituer ce corps, et c'est à celui qui a créé l'âme à le créer aussi. C'est là la mission du pouvoir métropolitain; c'est à lui à prendre l'initiative et à communiquer une direction utile à la colonisation. Que le pouvoir central consulte les gens de la localité, rien de mieux; il le doit même pour s'éclairer; que même, dans des colonies qui, sans vivre de leur propre vie, sans constituer un état indépendant, forment cependant des sociétés complètes et régulières et peuvent se suffire à elles-mêmes, on confie une partie du pouvoir aux habitants du pays, cela se conçoit : ce sont de véritables petits États qui comprennent fort bien leurs intérêts, qui ont une nationalité, et qui, comme à la Guyane, ne se composent pas, en grande partie, d'une population purement flottante et sans aucune racine dans le sol. Ainsi, de pareilles institutions peuvent convenir à la Martinique, à la Guadeloupe et à

Bourbon, qui sont des sociétés fortes; mais, quant à nous, nous sommes trop débiles pour supporter une alimentation aussi substantielle, et nous ne sommes pas organisés pour en user utilement[1].

§ 2. — Conséquences de l'organisation politique au point de vue de l'organisation administrative et judiciaire.

Si l'organisation administrative n'avait d'autre inconvénient qu'un personnel que ne comporte pas l'importance du pays, ce ne serait pas un mal, puisque c'est la métropole qui en fait les frais; mais elle a cela de fâcheux, qu'elle détourne de l'agriculture une partie de la population. Aussi, pendant que les bureaux de l'administration sont encombrés d'employés et d'aspirants, on manque de sujets pour les habitations rurales. En général, nous avons peu d'hommes propres à régir une exploitation, et ce qui le prouve, c'est qu'il arrive souvent que d'un jour à l'autre la propriété la plus florissante tombe, quand elle perd l'homme qui était à sa tête. Si bien des jeunes gens ne trouvaient

[1] Ce n'est pas d'aujourd'hui seulement que j'émets l'opinion que la Guyane n'a pas les éléments d'un pouvoir électif.

pas tant de facilité à pénétrer dans la bureaucratie, ils se dirigeraient vers l'industrie agricole ; mais comme l'apprentissage est un peu rude, et qu'ils trouvent à se caser en ville, au centre des amusements de leur âge, ils n'ont garde de courir après les travaux des champs.

L'organisation judiciaire a, comme l'organisation administrative, l'inconvénient de traîner à sa suite un personnel trop nombreux, personnel qui constitue, en général, la partie la plus intelligente de la population, et qui, sans cette organisation hors de toute proportion avec le nombre des justiciables, tournerait aussi ses efforts vers la production territoriale, la seule fortune du pays[1].

Telles sont les conséquences qui me paraissent résulter de l'organisation matérielle et politique. Tout souffre de cette organisation, et, loin que la colonie se trouve dans des conditions favorables pour se développer, elle tend tous les jours à se dissoudre. Comme nous l'avons vu, ce n'est pas seulement l'ordre matériel qui est compromis, mais

[1] On ne saurait trop rappeler ce qu'on méconnaît trop souvent, même à Cayenne, que l'intérêt principal, celui qui doit prédominer surtout, est l'intérêt agricole.

aussi l'ordre moral; et la situation est telle que, tenter une transformation sociale dans les conditions d'existence où se trouve le pays, ce ne serait pas le relever, mais hâter sa mort.

DEUXIÈME PARTIE.

DE LA RÉFORME ET DE L'IMMIGRATION COMME MOYEN DE RÉFORME.

CHAPITRE PREMIER.

SECTION PREMIÈRE.

DE LA RÉFORME A OPÉRER DANS LA COLONISATION AU POINT DE VUE DU DÉVELOPPEMENT GÉNÉRAL.

§ 1er. — De la réforme dans l'organisation matérielle.

Un sol ne rend tout ce qu'il peut rendre que lorsque les bras qui l'exploitent sont en rapport avec son étendue et ses difficultés.

La Guyane est loin de ces conditions.

Nous avons vu, en effet, qu'une population minime, insignifiante, occupe un grand espace, hors de toute proportion avec elle, et qu'en outre elle est répartie de telle sorte que, nulle part et surtout en terres basses, elle ne saurait résister avec avantage à l'action dissolvante qui rayonne autour d'elle et l'absorbe.

Il y a donc dans cette prise de possession exagérée et dans cette répartition quelque chose d'anormal qu'il importe de rectifier.

Pour réparer le mal et donner en même temps une impulsion utile, le seul moyen, en présence des difficultés de la localité et des vices de la colonisation, c'est de réduire l'occupation et de concentrer les forces. Il faut, de toute nécessité, agglomérer la population, si on veut qu'elle puisse surmonter les obstacles et se développer en toute liberté, soit par sa propre expansion à l'intérieur, soit par l'assimilation des forces qui lui viendront de l'extérieur.

Mais comment opérer? Comment procéder à l'agglomération de cette population, qui nulle part n'est compacte, et qui se trouve éparpillée à l'infini sur quatorze points à la fois? Faut-il continuer à occuper tous ces points, et placer un noyau primitif de développement dans chaque quartier? ou bien, s'il est nécessaire de se restreindre, dans quelles limites convient-il de le faire? Faut-il se borner à un seul point, ou est-il indispensable d'en embrasser plusieurs?

Vouloir régulariser la colonisation sur l'ensemble du territoire est impossible. Ne perdons pas de vue, en effet, que la colonie se meurt, et que, pour sauver ce qui est, il importe que le système qui doit rendre la vie se réalise promptement. Or, pour la régularisation totale et simultanée de l'ensemble, il faudrait immédiatement, instantanément, adjoindre aux forces de l'intérieur des forces de l'extérieur trop considérables pour pouvoir être obtenues en temps utile. Il est certain, en effet, que, quelle que soit l'importance de la population qu'il sera possible d'introduire dans l'avenir, cette population ne pourra jamais arriver que successivement, dans des proportions limitées et insuffisantes pour pourvoir aux besoins qui naîtraient de cette restauration générale et simultanée. Il faut donc repousser ce mode comme impraticable, parce qu'il demanderait tout d'un coup un développement d'activité qu'il est impossible d'atteindre.

Se retrancher sur un seul point serait sans doute plus normal. Mais cet expédient, qui déplacerait trop de cultivateurs et d'exploitations importantes, n'est pas plus réalisable que le premier; ce serait bâtir à nouveau. Si nous avions à élever un édifice sur une table rase, nous pourrions nous mouvoir en toute liberté, et mettre chaque chose à sa place; mais un édifice existe, et, dans cette rénovation, il est impossible de ne pas tenir, jusqu'à un certain point, compte de ce qui est. Nous ne pouvons oublier, en effet, que les hommes ne sont pas des abstractions; que l'on n'applique pas les théories pures sur les terrains déjà occupés; qu'en tout il faut combiner dans une juste mesure la spéculation et les faits; que, même pour un grand bien, pour un bien général et d'avenir, il faut ménager, autant que possible, les individus, parce que, si l'homme, considéré isolément, était prisé peu de chose dans les sociétés antiques, il est prisé beaucoup dans les sociétés modernes.

Une transaction est donc indispensable entre ce qui est et ce qui est à faire. Heureusement qu'il est facile de ménager une transition et d'arriver à un résultat favorable, sans trop sacrifier les intérêts de la réforme d'une part, et les intérêts existants d'autre part. Il est possible, en effet, de circonscrire la colonisation dans de plus justes limites, et de se fixer sur quatre points principaux sans bouleversement et sans perturbation. Ces quatre points sont : île de Cayenne, partie en terres hautes et partie en terres basses (Mahury), Kaw et Approuague en terres basses, et Roura en terres hautes. Ces quatre quartiers, en effet, qui se touchent en quelque sorte, ou qui, du moins, peuvent se relier facilement, se trouvent groupés sur une étendue de 12 à 15 lieues de côtes et de 3 à 4 lieues de profondeur, et possèdent, en même temps, le noyau principal, non-seulement des plus riches cultures, mais de toutes les cultures en général. Ainsi, comme nous l'avons vu, les sucreries sont à Approuague et à Mahury; les roucouries à Kaw; les gérofleries à Roura; et enfin le café et le cacao dans l'île de Cayenne; sur les montagnes qui bordent la mer et la rivière de Mahury. Il n'y a que le coton qui se trouve en dehors de cette circonscription. En général, c'est un produit des quartiers sous le vent, et surtout de Macouria. Mais, à proprement parler, cette culture n'existe plus, et nous avons pu voir qu'elle avait été à peu près abandonnée dans ce quartier. Au reste, s'il y avait intérêt à la rétablir, rien n'empêcherait qu'on la transportât dans les quartiers du vent, à l'embouchure des rivières et sur les bords de la mer où se trouvent les mêmes terres que sous le vent.

Que resterait-il donc à grouper dans cette zone qu'il fallût déplacer? Rien, en fait de cultures; et quant à la population, il ne s'agirait que d'y attirer les cultivateurs de quelques établissements épars qu'on voit encore dans les autres quartiers, et qui sont, la plupart, sans importance.

Tel est le cercle dans lequel il me paraît nécessaire de circonscrire les cultures. Il faut les enserrer toutes dans la partie qui se trouve entre Cayenne et Approuague d'une part, et les bords de la mer et les montagnes de Roura et de Kaw d'autre part[1]. C'est la partie dont on doit se préoccuper d'abord, et qui doit recevoir tout son développement avant qu'on se porte ailleurs.

Pour le moment, tous les autres quartiers doivent être mis de côté. Nous comprenons aussi dans cette exclusion le quartier d'Oyapock, qui pourtant est dans de bonnes conditions. C'est à regret

[1] Roura sur la rive droite de Mahury à 3 ou 4 lieues de son embouchure, et Kaw sur la rivière du même nom se trouvent aux deux extrémités de la chaîne de montagne connue sous le nom de *Montagnes de Kaw*.

que nous le plaçons en dehors de la circonscription, car les terres de sa baie et de sa rivière sont excellentes pour le café, et il n'est pas de gourmet qui ne connaisse, au moins de réputation, le café de la Montagne d'Argent. Mais son importance actuelle est trop minime, trop insignifiante, et ne compenserait pas les inconvénients qu'entraînerait l'extension de la colonie jusque-là.

Voilà donc quatre points sur lesquels il importe de concentrer actuellement les efforts de la colonisation, et de la faire pivoter. Mais le mouvement impulsif doit-il se porter indistinctement sur tous? A cet égard, il faut distinguer entre les terres basses et les terres hautes. Or, nous avons fait remarquer que les premières, en même temps qu'elles sont les plus difficiles à exploiter, sont aussi les plus riches et celles qu'il importe surtout de mettre en valeur. C'est donc sur ces terres qu'il faut pousser la population et diriger les forces; c'est sur Approuague, Kaw et Mahury qu'il est essentiel de se porter et d'exercer toute son activité.

Le pivot étant déterminé, il ne reste plus maintenant qu'à le placer dans des conditions régulières de développement. Or, que faut-il faire pour cela? Il faut ne pas laisser des intervalles, des vides; il faut lier les établissements entre eux, et occuper toute la partie alluvionnaire du littoral des rivières depuis la mer jusqu'aux terres hautes. Ces trois quartiers doivent être établis d'autant plus solidement qu'ils sont la base de toute la colonisation en terres basses, et de la colonisation tout entière, comme nous le verrons plus tard. Il serait à désirer qu'on pût les régulariser simultanément, comme étant les branches essentielles d'un même tronc. Mais, s'il n'y a pas possibilité, et qu'il faille procéder successivement, il faut commencer par Approuague et Mahury d'abord, et Kaw ensuite.

Kaw, malgré l'importance de ses cultures en roucou, ne peut venir qu'en seconde ligne, en raison de la nature de ses produits, qui ne sont que secondaires, et qui ne doivent être considérés que comme un accessoire. C'est bien une des pierres fondamentales de l'édifice, mais ce n'est que la troisième à poser. Les deux premières à mettre en place sont Approuague et Mahury, et ce sont les deux quartiers qui doivent, en premier lieu, attirer l'attention de l'économiste. Les plus riches de la Guyane, non-seulement par leur sol, mais encore par les capitaux considérables qui s'y trouvent accumulés, ils sont en outre d'une importance capitale par leur position. Placés, en effet, aux deux extrémités de la colonisation telle qu'il convient de la restreindre, ce sont deux points de départ, deux centres de développement qui appellent sur eux le principal intérêt. En dehors de cette considération, ils ont chacun leurs avantages propres, avantages qui se balancent peut-être; car, s'il s'agissait d'accorder la priorité à l'un d'eux, dans l'œuvre de la réédification, il serait sans doute difficile de se prononcer. Approuague, à considérer les choses d'une manière absolue, en présente incontestablement le plus. Il est traversé, en effet, par une belle rivière qui a sur ses bords des terres fertiles, d'un desséchement facile, et dont le cours bifurqué, à 1 lieue et demie environ de son embouchure, se développe le plus largement dans les terres alluvionnaires. A cet avantage, ce quartier en joint un autre essentiel : c'est de réunir le plus grand nombre des établissements de l'industrie sucrière, qui est, et qui doit être à Cayenne, comme dans toutes nos colonies en général, l'industrie principale. Mais, quelque digne qu'il soit de fixer l'attention, la partie de Mahury, dans le quartier de l'île de Cayenne, n'en mérite pas moins une égale faveur, et même la préférence. Ses terres sont peut-être moins fertiles; cependant la rive droite ne le cède guère en qualité aux meilleures; quoi qu'il en soit, son infériorité sous ce rapport, si réellement elle existe, se trouve compensée par des avantages d'une autre nature. Il est, en effet, sur cette même rive droite, trois points distincts, actuellement occupés, et qu'il serait facile de relier entre eux; ce sont les habitations du canal Torcy, de Mahury et de Roura. Il n'y aurait, pour cela faire, qu'un vide de 1 lieue et demie environ à combler entre les derniers établissements sur la rivière et les terres hautes, et mille individus suffiraient pour donner sur ce point une bonne base. A côté de cet avantage de position qui aurait pour résultat de rattacher aux cultures des terres basses les cultures des terres hautes, de les rendre contiguës et de les circonscrire dans un même cercle, il en est d'autres qu'il importe de considérer lorsqu'il s'agit de poser les bases d'une colonisation rationnelle. Il n'est pas, en effet, sans intérêt de remarquer que Mahury est aux portes du chef-lieu, et que, d'autre part, il est le point de départ, le commencement de l'immense plaine des terres alluvionnaires qui s'étendent au vent de Cayenne et qui vont à Kaw, à Approuague, à Oyapock et qui se prolongent indéfiniment jusqu'aux Amazones.

Ainsi, comme on le voit, bien des considérations recommanderaient peut-être d'activer d'abord la réforme sur ce point.

Quoi qu'il en soit de la préférence à accorder à tel ou tel quartier, ce qu'il importe surtout, c'est de mettre le plus promptement possible Approuague, Kaw et Mahury en position de vivre et de s'accroître; et, pour cela, il faut se hâter de dessécher complétement, et sans laisser aucune solution de continuité, les terres basses qui bordent les rivières.

Par cette prise de possession continue, on ouvrira des routes communales qui s'entretiendront et se conserveront sans la moindre difficulté; on assainira en rejetant au loin les germes malsains; et enfin on créera l'intérêt local commun, la municipalité, le centre de population; et Approuague,

Kaw, Mahury, et successivement tous les quartiers, au fur et à mesure que la colonisation pourra s'étendre, auront leur bourg, leur ville, leur population agglomérée.

Pour compléter ce que j'ai à dire sur ce point de la réforme, il ne me reste qu'à parler des routes générales, pour relier les quartiers du vent entre eux et les relier au chef-lieu.

A partir de Mahury, deux voies peuvent s'ouvrir; l'une par les terres hautes, l'autre par les terres basses.

Nous avons vu que Cayenne ne communique avec Kaw et Approuague que par un mauvais sentier qui part du quartier de Roura, se dirige par la crête des montagnes de Kaw, mais qui n'est praticable que pour les Indiens et les bêtes fauves. Il doit rester ce qu'il est; car il est impossible, dans l'état actuel des choses, de songer à l'améliorer; il faudrait des sommes énormes, des efforts inouïs pour en faire une route passable; il est inexécutable.

Reste la voie des terres alluvionnaires à travers les plaines noyées qui séparent les rivières de Mahury, de Kaw et d'Approuague, et c'est là qu'il faut s'ouvrir un passage. Mais traverser ces plaines, où il n'y a pas une âme, et où probablement il n'y aura pas de longtemps une population suffisante de cultivateurs, si on n'adopte pas des mesures efficaces pour l'y amener, n'est-ce pas un rêve? Il est certain qu'on ne crée pas des routes dans un désert, et que, si on les crée, on ne les conserve pas. Si cela est vrai pour toutes les époques et pour tous les pays, l'expérience le démontre d'une manière bien saisissante pour les habitants de la Guyane; car nulle part, en aucun lieu, il ne s'est gaspillé et ne se gaspille encore plus de travaux en pure perte; et cela toujours parce que ni vues, ni système, ni idée n'ont présidé à la colonisation dans cette malheureuse contrée.

Mais s'il est difficile de créer une route à travers ces alluvions et de la conserver, ce n'est pas cependant impossible; et, comme il y a tout avantage à le faire, il ne faut pas hésiter à l'entreprendre. Partant de Mahury, elle prendrait son point de départ un peu au-dessus du canal Torcy et irait aboutir à Kaw, d'où elle se prolongerait jusqu'à Approuague. Posée sur les nombreux bancs de terre haute qui s'y trouvent semés comme autant d'îles dans une mer, ce qui en faciliterait l'exécution et réduirait la dépense, elle pourrait s'ouvrir et s'entretenir sans peine; car, tracée sur une ligne de 10 à 12 lieues, elle n'excéderait pas les ressources de la colonie, qui, d'ailleurs, n'en ayant pas d'autre de cette importance, y suffirait facilement.

Ainsi, au point de vue pratique, elle est possible; quant aux avantages, ils sont incontestables; car elle aurait pour effet d'établir des communications directes et faciles, de préparer, dans l'avenir, l'union intime de tous les quartiers en terres basses, de réunir enfin sur le sol le plus riche toutes les cultures et de les rendre contiguës. Ce seraient là de beaux résultats, et qui seuls devraient suffire sans doute pour engager à faire le travail; mais il est un autre avantage qui n'est pas à dédaigner, et qui a aussi son importance, surtout dans les circonstances qui se préparent. Cette route, en effet, permettrait d'utiliser les excellents pâturages qu'on rencontre dans cette localité, et qui sont bien supérieurs à ceux des savanes sous le vent. Là, en effet, sur les îlots de terre haute qui nagent pour ainsi dire dans ces vastes marais, des battes se trouveraient dans les meilleures conditions pour prospérer : dans le temps des pluies, le bétail, retiré sur les hauteurs, aurait pour se nourrir les plantes qui y croissent en abondance dans cette saison, et, dans le temps de la sécheresse, alors que le soleil brûle tout, il paîtrait les gras pâturages des marécages.

Ici je ne puis m'empêcher d'émettre une idée en présence du triste avenir que j'entrevois pour la colonie. Je me demande, en effet, si la population viendra jamais sur cette terre, et, à supposer qu'elle y vienne dans un temps plus ou moins prochain, je me demande si, en attendant, il n'y aurait pas moyen de tirer dès aujourd'hui tout le parti possible de ces riches plaines et d'y avoir de nombreux troupeaux, en y plaçant le bétail dans des conditions à y vivre et s'y nourrir partout et en tout temps.

Que faudrait-il faire pour cela? Il faudrait dessécher le sol. C'est un travail gigantesque en apparence, mais facile en réalité, et qui n'a rien d'extraordinaire pour tous ceux qui savent combien la canalisation en terres basses s'opère avec rapidité. De quoi s'agirait-il, en effet? d'ouvrir et d'espacer dans ces plaines des canaux qui partiraient des montagnes de Kaw et iraient aboutir à la mer; je suis convaincu que cent ouvriers, par été, feraient le travail en huit ans. Ces canaux, tracés parallèlement au cours des rivières, serviraient à écouler les eaux dans la saison des pluies, et à l'irrigation dans le temps des fortes sécheresses. Livrer à l'industrie bovine les terres alluvionnaires de Kaw et d'Approuague, jusqu'à ce que des colons forcent le bétail à céder la place, me paraît une chose utile et réalisable [1].

L'industrie hattière, qui est insignifiante aujourd'hui, puisqu'elle ne pourvoit pas même aux besoins de la colonie, pourrait devenir une source féconde d'exportation. Il est vraiment déplorable

[1] En raison du peu de pente que présentent les terres alluvionnaires à l'écoulement des eaux, le desséchement complet de ces terres et tel qu'il serait indispensable de l'effectuer pour les rendre cultivables, exigerait un grand nombre de dégorgeoirs, aboutissant à la mer et aux rivières, afin de donner aux conduits, en largeur, ce que l'uniformité du terrain ne permet pas de donner en profondeur. Un double système de canaux, les uns parallèles, les autres perpendiculaires à la côte et aux montagnes, pourrait seul atteindre le but. Ces canaux se couperaient à angle droit, diviseraient la surface en parties rectangulaires, de manière à représenter sur cette surface la figure d'un damier. La prolongation du canal Torcy rentrerait tout naturellement dans l'adoption de ce plan.

que la Guyane, qui se trouve dans de bonnes conditions pour l'éducation de la race bovine et qui devrait alimenter au moins nos Antilles, ne puisse pas se suffire à elle-même. Mais pour cela, il faudrait être moins apathique, se réveiller, sortir de l'ornière et se lancer dans la voie des innovations. Qui l'oserait? Il est certain que l'homme seul, agissant isolément, ne peut pas entreprendre cette tâche. Pourquoi l'association ne s'en mêlerait-elle pas? pourquoi l'État ne viendrait-il pas en aide? pourquoi, tant que l'esclavage dure, ne ferait-on pas ce que fait le pacha d'Égypte, et ne profiterait-on pas, pour dessécher ces terres et les utiliser, des forces passives qui sont indispensables pour cela faire, et que l'esclavage seul peut donner? Qu'on y songe, car si on ne colonise pas, je ne vois pas trop ce qu'on pourra faire de la Guyane le jour de l'émancipation.

§ 2. — De la réforme dans l'organisation politique.

L'examen de l'organisation politique nous a mis en position d'apprécier combien les institutions étaient impuissantes pour ramener la colonisation dans des conditions normales, et comment, en outre, elles absorbaient la population au détriment de l'industrie agricole, la seule exploitable pour la colonie. Aussi la réforme dans l'ordre politique est-elle le complément nécessaire de la réforme dans l'ordre matériel. Il faut organiser les fonctions en raison des besoins et de l'importance du pays, pour que toutes les forces convergent vers le but à atteindre. La Guyane est un enfant mineur plein d'espérance et d'avenir, mais il faut se donner la peine de le comprendre, de le diriger et de le développer. Or, la métropole est sa tutrice naturelle; et comme telle, elle doit venir à son aide, étudier ses besoins et lui imposer parfois sa volonté, lorsque les véritables intérêts de la colonie l'exigent; surtout lorsque ces intérêts ne sont pas seulement les siens propres, mais ceux de la nation tout entière.

SECTION II.

DE LA RÉFORME DANS LA COLONISATION AU POINT DE VUE DE LA TRANSFORMATION SOCIALE.

Quand une métropole opère une révolution sociale dans ses colonies et qu'elle l'impose, quand elle jette à la fois aux populations esclaves et la liberté civile et la liberté politique, c'est qu'elle se propose, sans doute, d'apporter dans la société qu'elle veut régénérer un élément nouveau de force, et non pas un principe de dissolution. Or, dans cet ordre d'idées, le premier effet de cette révolution ne saurait être l'abandon du territoire et par conséquent la cessation de tout travail.

Examinons à quelles conditions le passage de l'esclavage à la liberté ne doit pas entraîner ces conséquences, et quelles réformes, quelles mesures de précaution sont indispensables dans l'ordre matériel, si l'on veut émanciper sans danger pour les cultures actuelles, et sans danger pour l'avenir.

Deux causes principales s'opposent à la colonisation par le travail libre : L'une est générale, et dépend de la disproportion qui existe entre le territoire et la population, et de la facilité qu'aura celle-ci de vivre sans se livrer aux grandes cultures ; l'autre est spéciale, et dérive de la difficulté de fixer des cultivateurs sur certaines parties du sol. C'est à ce double point de vue, et d'après la classification des terres en terres basses et en terres hautes, que nous aurons à nous occuper de la question.

Terres basses.—Une race ne reste fixée sur un sol, d'une manière stable et permanente, et ne le fait valoir, que lorsqu'elle y est incitée par un intérêt quelconque qui l'oblige, ou volontaire ou forcé. Une contrée n'est donc exploitable, sous le régime de la liberté, que lorsqu'elle offre assez d'avantages pour retenir les cultivateurs qu'elle a déjà, et pour attirer ceux qui lui manquent.

En l'état, les terres basses n'ont aucun attrait pour la population, et cela, parce que la colonie n'est pas viable sur ces terres. Elle n'existe pas, à proprement parler, et il faut la créer. Cette création est une œuvre difficile, comme nous l'avons vu; mais naturaliser le travail libre sur un sol marécageux, inondé à la fois et par la marée et par les eaux douces, est une œuvre non moins difficile, et qui ne peut se réaliser que comme conséquence de la régularisation complète de la colonisation sur chaque point. Le tenter, en dehors de ces conditions, ce serait précipiter la ruine, loin de la conjurer.

En effet, les premiers défrichements en terres

basses, tant qu'ils ne sont pas étendus sur une assez vaste échelle pour bien constituer l'exploitation, sont trop pénibles, offrent trop d'inconvénients pour que l'homme libre, maître absolu de ses actions, les entreprenne et s'y livre volontiers, quels que soient les avantages qu'ils lui procurent pour son travail; la répugnance est d'autant plus forte que le noyau primitif n'est pas formé ou est moins développé. Aussi, si l'émanciption était proclamée, aujourd'hui, sans condition, il n'est pas un seul esclave qui consentît, de son propre mouvement, à continuer ses services sur ces terres. Tout concourt à la Guyane à pousser à cet abandon et à le faciliter : l'isolement des établissements, le milieu dans lequel ils se trouvent placés, l'absence dans les quartiers de toute agglomération d'individus, le désir de se rapprocher des centres de population, la proximité des terres hautes de la ville de Cayenne, la préférence pour ces terres qui, sans présenter les inconvénients des terres basses, offrent toute facilité pour suffire aux premiers besoins, sont autant de circonstances qui éloigneraient l'affranchi des grandes cultures.

Aussi, si la proximité des terres hautes et leur

gisement au milieu des terres basses est un avantage pour l'exploitation de ces dernières, elle est une difficulté de plus, et une difficulté bien grande pour opérer l'émancipation. Nos voisins de Démérary, qui, comme nous, sont placés sur des terrains alluvionnaires, se sont néanmoins trouvés dans des conditions plus favorables quand ils ont eu à transformer leur ordre social. En effet, leurs centres de population sont en terres basses, et la colonisation s'y développe tout autour sans interruption; de telle sorte que les établissements se touchent tous, forment une chaîne continue, et présentent l'aspect d'une vaste plaine cultivée et assainie, et non pas, comme chez nous, le spectacle hideux et repoussant d'un marécage. Or, les noirs, comme partout le peuple, aiment les amusements bruyants; aussi s'approchent-ils des villes le plus qu'ils peuvent; et comme à Démérary les villes se trouvent en terres basses, et que ces terres sont parfaitement desséchées, ils n'ont pas eu intérêt, lors de l'émancipation, à se porter en terres hautes; car ce changement de résidence les aurait éloignés des centres de réunion, sans leur offrir plus de facilités pour vivre et satisfaire leurs goûts.

Pour rendre les alluvions exploitables par le travail libre, il faut commencer par les rendre habitables, en opérant les réformes que nous avons indiquées pour le développement de la colonisation en général. Il est certain, en effet, que, tant que le littoral alluvionnaire des rivières ne sera pas complétement desséché, défriché, cultivé, assaini, de manière à présenter le long des cours d'eau une longue plaine de cultures non interrompues et en parfait état, tout affranchissement général, complet, définitif, est impossible et ne saurait se concilier avec le maintien et le progrès des cultures. Pour que la pleine liberté d'action que l'émancipation doit attribuer à l'esclave ne contrarie pas l'exploitation des terres basses, il est donc indispensable que la colonisation soit complète sur ces points.

Mais, pour amener la population à se livrer spontanément à la culture de ces terres, il ne suffit pas seulement de l'y mettre en position de vivre; il faut encore l'y poser dans des conditions telles que, le jour de sa libération définitive, elle n'ait pas le désir de se déplacer pour se porter ailleurs.

Ce point de la question n'est pas facile à résoudre. Cependant je pense, et j'ai toujours pensé que le *colonage partiaire*, appliqué, comme état transitoire, pendant le temps que comporterait la préparation du terrain, serait peut-être un moyen efficace pour arriver à un résultat. Ce système aurait pour base principale, 1° la *rémunération* du travail par une part dans la production, et 2° la *responsabilité* laissée à l'ouvrier de se suffire à lui-même et d'assurer le sort de son entourage. Cette rémunération et cette responsabilité, ces deux grands mobiles de l'homme libre, en stimulant en lui l'intérêt et la sollicitude, développeraient le sentiment de la propriété et celui de la famille, qui peuvent bien sommeiller dans l'esclave, mais qui n'en existent pas moins. Avec le profit du travail, naîtrait le désir d'accroître le bien-être, et avec ce désir naîtraient aussi le goût et l'énergie pour le réaliser. D'un autre côté, le soin de pourvoir à son entretien et à celui des siens éveillerait en lui des idées d'ordre, d'économie et d'émulation. Enfin, la nature des occupations, les habitudes contractées et le besoin d'un salaire régulier et suffisant pour satisfaire aux exigences qui, désormais, seraient à sa charge, identifieraient tellement le cultivateur avec le sol, auquel il aurait été attaché pendant longtemps, qu'il est probable qu'il ne le quitterait pas le jour où la faculté lui en serait laissée.

Pendant cette période d'initiation à une vie nouvelle, le service obligatoire serait maintenu, en principe, comme une nécessité.

Mais nous aurons à examiner, en parlant de l'immigration, s'il ne serait pas possible de faire marcher de front la réforme sociale et la réforme agricole et d'abréger à ce point l'esclavage qu'en fait il n'existât réellement pas pour les individus.

Terres hautes. — L'habitant des terres basses, placé sur un fonds qui manque sous ses pieds, humide, marécageux, exhalant des miasmes pestilentiels, ayant besoin d'affermir le sol, de se garantir des eaux, d'éloigner les germes malsains, de rendre sa demeure habitable, de la disposer de manière à s'y plaire, et de se placer enfin de manière à se sentir porté spontanément au travail, doit entreprendre sur une vaste échelle des travaux immenses de desséchement, d'endiguement, d'écluses, et, pour cela, il lui faut de grands capitaux et un concours nombreux d'ouvriers, unis par un lien indivisible, agissant simultanément, avec ensemble, car le travail, pour être efficace, doit être solidaire, l'intérêt étant commun.

L'habitant des terres hautes, au contraire, ne rencontre pas ces obstacles, et n'a pas besoin de la même puissance de moyens. Il n'a, comme le pionnier de l'Amérique du Nord, qu'à abattre le bois où il veut poser sa tente, et les bois mêmes qu'il abat lui servent à bâtir sa cabane. Aussi l'individu isolé, la famille isolée, peut s'y faire jour, s'y livrer à toutes les cultures qui n'exigent pas la puissance du nombre, de l'association et des grands capitaux, comme la culture des plantes alimentaires, ainsi que celle du café, du cacao, du gérofle, etc., et proportionner le travail à faire avec ses forces individuelles de manière à obtenir toujours un résultat positif, en rapport avec l'emploi des moyens mis en œuvre.

Il ne faut donc pas s'étonner de la répugnance de la population pour les terres basses, et de sa prédilection pour les terres hautes. Il n'y a pas à redouter, pour ces dernières, que les habitants se déplacent pour se porter ailleurs. Ainsi, sous ce rapport, il y a toutes chances pour le travail libre. Mais si les accidents de la localité ne présentent aucun obstacle à cet égard, il n'en est pas de même de son étendue, qui, en raison de l'énorme disproportion existant entre les individus à nourrir et le territoire nourricier, est d'un grand danger pour le travail libre productif. Il serait à craindre, en effet, que la population libérée ne négligeât les grandes cultures pour ne soigner que quelques plantes alimentaires, et seulement pour satisfaire à ses premiers besoins, ce qui serait sans utilité pour la métropole; ou qu'elle ne s'abandonnât à la vie indienne, ce qui serait préjudiciable à tous les intérêts, à quelque point de vue qu'on envisage la question. Comment obvier à cet inconvénient? à défaut d'une population suffisante qui soit dans la nécessité de cultiver pour vivre et de se porter indistinctement sur toutes les parties exploitables, il faut pousser les affranchis sur des points déterminés, ne leur accorder de concessions, à titre gratuit ou onéreux, que sur ces points, et les forcer ainsi à se grouper pour se développer à partir d'un centre donné. C'est là le moyen qu'il faut employer, si on veut arrêter le vagabondage, le dévergondage de la dispersion, et s'il n'est pas indifférent de n'avoir bientôt que quelques pêcheurs et quelques chasseurs dans une contrée qui offre tant d'intérêt au point de vue agricole. Comme je l'ai indiqué, ce sont les quartiers de Roura et de l'île de Cayenne qu'il faut coloniser d'abord en terres hautes, avant de se porter ailleurs, et ce sont aussi ces quartiers qu'il faut assigner aux nouveaux affranchis, soit que, dépendant des terres hautes, ils se trouvent en dehors de cette circonscription, soit que, dépendant des terres basses, ils veuillent changer de résidence.

C'est dans ce cercle qu'il me paraît convenable de concentrer les efforts, et de circonscrire, autant que possible, l'action de l'autorité.

Cette mesure ne peut s'appliquer qu'à la population à émanciper et non pas à la population libre actuelle, et cela pour deux motifs : le premier c'est qu'à son égard les choses ne sont pas entières. Mais si elle doit être respectée dans sa position acquise, ce n'est qu'à ses risques et périls, sans qu'elle puisse se plaindre si l'action colonisatrice ne peut pas s'étendre jusqu'à elle. Le second motif, c'est que cette même population n'offre aucun intérêt au point de vue agricole.

Il convient d'autant moins de la déplacer, surtout dans les quartiers sous le vent, que presque tous les habitants de cette localité s'occupent de hattes, et que cette industrie, qui serait susceptible de recevoir un grand développement, mérite d'être encouragée ; car elle n'est pas seulement une richesse du pays, mais elle est peut-être tout son avenir. Les anciennes familles *hattières* d'Iracoubo, de Sinnamary et même de Kourou, forment en quelque sorte une race à part, race primitive, la seule réellement attachée au sol, dont les mœurs patriarcales, plutôt pastorales qu'agricoles, s'accommodent infiniment plus de la conduite des troupeaux et de l'éducation du bétail que de la culture. — Dans l'intérêt de l'industrie hattière, si insignifiante déjà, il ne faut donc pas troubler ces mœurs, et il importe d'autant moins de les troubler que, pour le moment, elles ne sauraient prendre une autre direction et concourir utilement aux réformes à opérer.

En résumé, pour émanciper, en terres basses, avec quelque chance que les cultures ne seront pas abandonnées, il est indispensable de modifier les bases de la colonisation, en préparant plus convenablement le terrain sur lequel l'industrie agricole est assise. Quant aux terres hautes, si les mêmes travaux préparatoires ne sont pas nécessaires, comme elles présentent d'autres difficultés, à savoir celles qui résultent de l'étendue, il faut forcer les nouveaux affranchis à se grouper sur des points déterminés et leur interdire de se fixer en dehors de ces points.

CHAPITRE II.

SECTION PREMIÈRE.

DE L'IMMIGRATION COMME MOYEN DE SATISFAIRE A TOUTES LES EXIGENCES DE LA SITUATION.

§ 1er. — De l'immigration comme moyen de coloniser.

La population décroît et ne cessera de décroître que lorsque les bases de la colonisation seront modifiées. Mais, pour cette modification, les forces actuelles ne seraient pas assez considérables, puisque, comme nous avons eu occasion de le remarquer, un seul des points qu'il conviendrait d'occuper suffirait pour les absorber toutes. Ainsi, soit qu'il s'agisse de développer la colonisation, soit qu'il s'agisse simplement de conserver le peu qui existe, il est de toute nécessité d'augmenter la population et de demander à d'autres régions les bras que la Guyane ne peut fournir.

§ 2. — De l'immigration comme moyen d'émanciper.

Substituer le régime de la liberté au régime de l'esclavage n'est nulle part chose facile; mais en raison des terres basses qui n'offrent aucun attrait aux noirs et qui, loin de les attirer, les repoussent, cette substitution est encore plus difficile à la Guyane que partout ailleurs, et on ne peut espérer les fixer sur le sol alluvionnaire qu'en corrigeant les vices des fondations primitives. Mais cette régularisation n'est réalisable que par des secours successifs, répétés, se liant progressivement ensemble et venant du dehors; elle ne peut se compléter, en outre, que dans un avenir plus ou moins lointain, et suivant l'importance de ces secours. — L'immigration, seule, conduit à ce résultat, et seule aussi, par cela même, elle rend possible l'abolition de l'esclavage. Elle ne fournirait pas, il est vrai, les moyens de faire disparaître instantanément tout vestige de contrainte, mais elle permettrait, dès aujourd'hui, d'entrer dans une voie d'émancipation successive, et de rapprocher ainsi de jour en jour le terme de l'affranchissement définitif.

En effet, chaque immigration serait accompagnée d'un affranchissement partiel, dans des proportions déterminées, et de manière qu'il y eût toujours excédant de l'immigration sur l'émancipation. Les immigrants, introduits successivement avec méthode et prudence, et d'après un système de prévoyance arrêté, se succéderaient sur les établissements des terres basses, et y travailleraient, pendant un certain temps, à titre d'engagés. A l'expiration du délai assigné à leur engagement, ils deviendraient maîtres absolus de leurs actions, et libres d'y continuer leurs services ou de les porter ailleurs. Les derniers venus remplaceraient ceux qui, définitivement libérés, voudraient changer de résidence, et l'excédant de l'immigration sur l'émancipation serait appliqué à la régularisation et au développement de la colonisation. C'est ainsi qu'on accumulerait les cultivateurs sur ces terres, et que, sans efforts, sans secousse, sans perturbation, on arriverait au moment où le desséchement de la partie à prendre, pour constituer une bonne base, étant complet, il serait possible de proclamer l'abolition générale de l'esclavage[1].

Le mouvement qui se produirait à chaque immigration nouvelle, en même temps qu'il rapprocherait de jour en jour l'époque de la rédemption de tous, développerait le travail libre, et l'imposerait forcément aux terres hautes, dont la colonisation serait la conséquence naturelle du système adopté pour l'exploitation des alluvions. Que feraient, en effet, les engagés qui, définitivement affranchis, ne voudraient pas rester en terres basses? Ils émigreraient nécessairement en terres hautes, et iraient augmenter le nombre des habitants de ces terres. Or, comme la population que les immigrations successives venant du dehors feraient refluer sur ces terres, serait rompue au travail et à la grande culture, il s'ensuit que, soit par goût et en raison des habitudes prises, soit par nécessité et en raison de

[1] On comprend facilement que, dans ce système, l'esclavage disparaîtrait d'autant plus vite, et la durée de l'engagement pourrait être d'autant plus abrégée que les immigrations seraient plus fréquentes et plus nombreuses.

l'accroissement de la masse, elle continuerait, suivant toute apparence, la culture des denrées qui peuvent fournir un aliment au commerce d'échange.

Pendant cette période, tous ceux dont le travail serait exigible seraient soumis à un système disciplinaire transitoire. Ce système ne serait pas le régime de la liberté, puisque le travail serait encore obligatoire, mais ce ne serait pas non plus le régime de l'esclavage, car dans ce régime devraient être introduites toutes les améliorations que pourraient comporter les exigences de la situation et du but à atteindre. Déjà un progrès immense s'est accompli dans les mœurs coloniales; l'esclavage n'est plus ce qu'il était; il a perdu son âpreté et sa barbarie. Mais, s'il est possible de l'adoucir encore, il faut continuer à marcher dans la voie du progrès et ne pas craindre de s'avancer jusqu'aux extrêmes limites. Ces limites, qu'il serait dangereux de franchir, sont l'ordre et le travail[1]. Il faut s'arrêter devant ces barrières; se porter au delà, ce ne serait plus améliorer, mais désorganiser.

[1] Je crains peu le désordre, mais beaucoup la cessation du travail, l'abandon des cultures, et c'est surtout contre ce danger qu'il faut se prémunir en améliorant.

§ 3. — De l'immigration comme moyen de préserver les intérêts privés.

Il ne faut pas se faire illusion : le jour où l'État proclamera l'abolition de l'esclavage, il ne proclamera pas en même temps une indemnité complète, surtout pour la Guyane. Cela devrait être, cependant, au point de vue des exigences sociales qui régissent toutes les affaires en ce monde; car, si la société peut faire bon marché de la fortune publique, puisque c'est sa fortune propre, il n'en est pas de même de la fortune privée, dont elle est la gardienne et qu'elle ne peut sacrifier qu'à la condition de la racheter et de réparer tout le dommage souffert. Cela est incontestable, et au surplus généralement incontesté. Cependant il en est, en petit nombre il est vrai, qui en doutent, et qui prétendent établir une distinction entre la propriété métropolitaine et la propriété coloniale; c'est-à-dire entre la propriété des choses, de la matière proprement dite, et le travail de l'homme. Ma raison se refuse à cette distinction; je conviens qu'au point de vue de la justice éternelle, de la justice absolue, le droit qui attribue à un homme le travail de son semblable n'est pas un droit naturel; qu'il est illégitime, et je n'entends nullement le justifier à cet égard. Mais à un autre point de vue, ce droit est aussi sacré et aussi légitime que les autres droits de propriété. Tous ont la même origine. A proprement parler, ce ne sont pas des droits, car ils n'existent pas par eux-mêmes, essentiellement, par nature, et résultent uniquement de conventions sociales, formulées ou tacites. Dieu, en effet, en plaçant l'homme sur cette terre, pour y vivre et s'y développer conformément aux lois de sa nature, l'a doté de facultés pour exercer son action sur le monde extérieur, et attirer ou repousser les objets, suivant sa condition d'être. Or, la sphère de développement est la même pour tous les hommes, et, nulle part, il n'est écrit que leur activité pourra s'exercer dans des limites plus restreintes pour les uns, plus étendues pour les autres : tous ont un droit égal à tout, parce que chez tous, la même nature, la même essence constituent leur être et le caractérisent. La loi immuable ne reconnaît pas de privilége ; elle dit à l'homme : « Développe-toi jusqu'à la limite où ce développement deviendrait un attentat au libre développement de tes semblables. » En dehors de cette borne, posée par la main de Dieu, il y a crime. Aussi, si l'appropriation du sol, par exemple, entre les mains de quelques-uns est nuisible à d'autres, elle n'est pas plus légitime que l'appropriation du travail de l'homme. Croit-on, en effet, que le droit qui donne la terre au petit nombre à l'exclusion du plus grand nombre, et qui, comme cela se voit en certains pays, condamne, par cette dépossession de la masse, des milliers d'individus à périr de faim et de misère, ne soit pas aussi exorbitant que celui qui attribue le travail d'un homme à un autre homme à la condition de le faire vivre et de pourvoir à tous ses besoins? On ne peut juger du droit que par le but, et de ses limites que par les droits parallèles qui pourraient être heurtés dans l'exercice de ce droit. Or, quel est le but de tout homme? C'est le développement de la vie. Quel est le droit parallèle qui marche côte à côte avec ce droit et qui se propose la même fin? C'est le développement de la vie de l'ensemble de l'espèce. Nul ne peut donc porter atteinte à ce développement sans crime. Qu'importe, dès lors, que l'homme nuise à l'homme son semblable, soit en l'attaquant directement dans sa personne, soit en l'attaquant indirectement dans la matière brute qui est indispensable à son existence. Dans un cas comme dans l'autre, il viole le droit d'autrui et il manque essentiellement à ses devoirs. Il me paraît donc faux de vouloir établir une distinction qui n'est pas fondée en réalité.

Aussi, au point de vue social, le droit des colons est incontestable, et le sacrifice de leur propriété ne peut être exigé qu'au même titre et aux mêmes conditions que le sacrifice de toute propriété régulièrement établie ; c'est-à-dire aux conditions d'une indemnité proportionnée à la dépossession.

Mais entre le droit, mais entre la reconnaissance même du droit et sa réalisation par le fait, il y a souvent un abîme, une barrière infranchissable.

Je le demande, en effet, si l'émancipation était résolue aujourd'hui, dans les conditions où se trouve la Guyane, l'État donnerait-il une indemnité complète, et telle que la comportent les exigences sociales? je ne balance pas à dire que non ; et il suffit d'indiquer le taux de cette indemnité pour affirmer que ce n'est guère probable; il est certain, en effet, qu'en l'état, l'abolition de l'esclavage entraînerait la désertion des ateliers et l'abandon des cultures, et que l'indemnité, pour être régulière et conforme aux principes qui nous régissent, devrait comprendre non-seulement le personnel qu'on affranchirait de toute obligation vis-à-vis de l'ancien maître, mais encore les usines et les terres qu'on rendrait improductives entre les mains du propriétaire.

Croirait-on arriver à un résultat satisfaisant par le rachat forcé? Mais ce mode de rachat, étant partiel et ne portant que sur le personnel, n'attribuerait pas une indemnité entière; il aurait, en outre, l'inconvénient, d'un côté, de déposséder successivement le colon de ses travailleurs, de diminuer graduellement ses moyens d'action et de finir par annihiler sa force productive; et, d'un autre côté, de le forcer à morceler sa fortune, à recevoir son capital fractionné, ce qui ne lui permettrait pas peut-être d'en faire un emploi utile. L'indemnité, qui n'aurait en vue que le personnel, serait donc loin d'être complète. Mais pourrait-on exiger de la masse à affranchir qu'elle rachetât le tout? A supposer que ce fût équitable, ce serait impossible, et il suffit d'énoncer cette proposition pour comprendre qu'elle est impraticable. Il est évident qu'au gouvernement seul incomberait cette charge; que le gouvernement seul devrait d'abord se rendre acquéreur de nos propriétés, pour assigner ensuite à chaque affranchi sa part contributive. Or, je le demande, qui oserait compter sur une indemnité de cette nature? Il y aurait plus que de la puérilité à supposer qu'elle fût réalisable.

Cependant l'État ne peut pas sacrifier les intérêts privés impunément, et sans ébranler la base même de l'ordre social. Il y a donc nécessité de préserver ces intérêts, comme de préserver les intérêts généraux. Pour y parvenir, et pour rendre l'indemnité moins lourde, il faut amener un auxiliaire qui empêche les usines et les terres de devenir des non-valeurs : cet auxiliaire, c'est l'appel des bras et l'accroissement de la population. L'immigration, en effet, en permettant aux colons de raviver leurs ateliers, sera leur meilleure garantie contre toute lésion de la majeure partie de leurs intérêts.

L'immigration, comme on voit, est le grand levier des réformes à opérer; elle rend possible et facile la réorganisation dans l'ordre matériel, comme dans l'ordre moral; elle transforme sans froissement, et permet de combiner un système d'immigration et d'émancipation qui concilie tous les intérêts et satisfait à la fois aux exigences de la colonisation, de l'humanité et de la civilisation tout entière.

SECTION II.

CONSIDÉRATIONS SUR L'IMMIGRATION [1].

L'immigration rend la réforme facile; mais comment l'organiser? comment introduire une population nouvelle? Ici la question se complique : et d'abord, quelle est la population qui convient? d'où la tirer? ira-t-on la recruter en Europe, aux États-Unis d'Amérique, en Afrique, dans l'Inde? peut-on la prendre indistinctement sous toutes les

[1] J'engage ceux que peut intéresser la question d'immigration à lire sur ce point l'ouvrage de M. Layrle, *Sur l'abolition de l'esclavage dans les colonies anglaises;* ils y trouveront une infinité de détails et de renseignements qu'il importe de connaître.

latitudes? C'est à ce point de vue que nous allons envisager la question dans cette section.

Je n'hésite pas à le dire, on ne peut pas songer sérieusement à recruter la masse des cultivateurs en dehors de l'Afrique et de l'Inde. C'est sous des climats analogues à celui de la Guyane qu'il faut aller les chercher. Les Anglais, après plusieurs tentatives infructueuses, ont renoncé à les prendre autre part, et ce serait folie à nous de ne pas les imiter; ce serait folie de ne pas profiter de l'expérience qu'ils viennent de faire, et qui, au reste, n'a fait que confirmer les leçons du passé [1].

Les hommes du Nord peuvent s'employer dans l'intérieur des usines; ils peuvent, sans inconvénient, se livrer à une occupation manuelle ou intellectuelle, à l'abri des rayons solaires; mais il est certain, et l'expérience est là qui l'atteste, qu'ils ne peuvent pas affronter impunément les travaux des champs. Ce serait une utopie de croire qu'ils s'exposeront sans danger, en plein midi, aux ardeurs dévorantes du soleil de l'équateur. S'il fallait citer des exemples, il ne serait pas né-

[1] Les Anglais ne veulent plus que des immigrants de l'Afrique et de l'Inde (voy. le même ouvrage de M. Layrle).

cessaire de sortir des annales de la colonie pour en fournir; car dans ces annales se trouve inscrite en lettres de sang l'immigration de Kourou en 1776, et les nombreuses victimes de cette expédition funeste ne sont que des témoignages trop réels de cette vérité. Cependant bien des personnes ne considèrent pas ces infortunes comme concluantes; et, il est vrai de dire, qu'il y eut, en effet, bien de l'impéritie, bien des fautes dans la manière dont cette affaire fut conduite; mais cette tentative n'est pas la seule qu'on puisse citer, et plusieurs autres n'ont pas eu plus de succès. Il en est même de récentes que nous avons pu voir, et qui aussi ont échoué complétement. Au reste, en dehors de notre propre histoire, un peuple bien plus versé et bien plus avancé que nous dans l'œuvre de la colonisation n'a pas mieux réussi. Qu'on lise, en effet, dans M. Layrle, les tentatives faites par les Anglais pour se procurer des cultivateurs de Madère et des Açores, et combien peu ils ont eu à s'applaudir de leurs essais. Il faut donc repousser ce moyen de peupler la colonie[1]: tout notre espoir,

[1] La race blanche n'a pu exister jusqu'ici à la Guyane que

tout notre avenir à cet égard est en Afrique et dans l'Inde; et aucun motif raisonnable, légitime, ne s'oppose à ce que ces contrées nous envoient des travailleurs. Tout concourt, au contraire, à recommander l'émigration de ces pays vers nous; le sort des populations qui y vivent et les intérêts généraux de la France le conseillent également.

Quant à la France, elle a besoin de colonies parce qu'elle a besoin de marchés réservés pour l'échange de ses produits. Le moment n'est pas encore venu où elle pourra mettre en pratique le système de la liberté illimitée du commerce. Ce système, fondé en principe, vrai en lui-même, est destiné à rester longtemps encore à l'état d'idée, à l'état d'abstraction. Sans doute bien des tarifs s'amoindriront, bien des barrières de douane s'abaisseront devant les progrès successifs de la raison humaine; mais les faits seront toujours un obstacle à ce que le libre échange se réalise com-

comme force dirigeante. A supposer qu'elle puisse jamais s'y livrer à la culture des terres, ce ne sera que lorsque sa constitution physique se sera modifiée et appropriée aux latitudes équatoriales par une résidence continue de générations successives sur le sol. Dans tous les cas, cet acclimatement ne se fera pas sans un grand sacrifice d'hommes.

plétement; ou il faudrait admettre qu'un jour viendra où toute antipathie de race s'éteindra, où les nationalités disparaîtront, et où enfin une paix universelle règnera parmi les hommes. Ce jour, s'il luit jamais pour l'espèce humaine, ce qui est plus que douteux, sera celui où elle-même aura atteint son dernier degré de perfection, et où la civilisation sera parvenue à son apogée. Bien des années, bien des siècles s'écouleront encore à l'attendre, et, jusque-là, les peuples ne seront pas trop malavisés s'ils ne se livrent pas entièrement à la merci de leurs voisins.

Quant aux esclaves de l'Afrique et de l'Inde, ils ne pourraient que gagner à émigrer parmi nous. Sous le rapport matériel, ils échangeraient une servitude perpétuelle pour un louage de services, pour un engagement temporaire. Sous le rapport moral, les bienfaits seraient plus grands encore : abrutis, dégradés, leur contact avec nous les initierait à une morale plus pure, à une religion plus élevée, et la civilisation n'aurait qu'à se glorifier de cet échange de services; car ce serait faire acte d'humanité que de les appeler à nous, pour relever leur dignité d'homme, et les grandir dans l'échelle des êtres, au bas de laquelle ils se trouvent presque aujourd'hui. C'est ce qui arriverait infailliblement si des relations suivies s'établissaient entre les régions colonisatrices et les régions à coloniser; car l'action et la réaction réciproque des peuples, en se communiquant leur activité respective, augmente la masse des produits, donne une nouvelle impulsion à l'esprit humain, et accroît ainsi le bien-être matériel et moral.

SECTION III.

ORGANISATION DU SYSTÈME DE COLONISATION ET D'ÉMANCIPATION PAR L'IMMIGRATION CONTINUE.

L'émancipation ne peut se comprendre et s'effectuer que par la colonisation. Ce sont deux parties d'un seul tout dont l'immigration doit être l'âme. Mais qui vivifiera cet être? qui communiquera le souffle à cette âme et le mouvement à ce corps? quelle puissance fera mouvoir les diverses parties de ce vaste mécanisme?

Sera-ce l'État ou l'intérêt privé? Avant tout, il importe d'avoir des idées arrêtées sur ce que l'on doit faire, et c'est au gouvernement à présenter ses vues et à fixer un plan définitif. La colonisation, en effet, se lie d'une manière trop intime aux intérêts généraux de la métropole pour être abandonnée entièrement aux fantaisies individuelles et à l'esprit de localité. Une pensée supérieure doit dominer tous les égoïsmes et toutes les coteries; l'État doit donner l'impulsion et surveiller; mais là aussi doit s'arrêter sa mission, et il ne doit pas s'immiscer dans l'exécution. Le gouvernement, en effet, n'est pas apte à gérer une affaire particulière d'industrie quelconque. Cela se conçoit, car il ne peut agir que par des délégués qui, n'exerçant qu'une fonction indépendante des résultats, n'ont pas, par cela même, un intérêt assez direct à se préoccuper du succès. Aussi, n'a-t-il pas été heureux lorsqu'il a voulu se mêler de coloniser par lui-même; et, pour ne pas sortir de Cayenne, nous savons tout ce qu'est Mana, et nous savons aussi quel a été le sort de *la sucrerie normale de Tilsitt*[1], qui, avec tous les éléments de prospérité,

[1] C'est le nom qu'on avait donné à une sucrerie modèle qu'on avait fondée sur les bords du canal Torcy, mais qu'on ne tarda pas à abandonner après y avoir dépensé bien de l'argent en pure perte.

n'a jamais été qu'un enfant mort-né. C'était pourtant, il faut en convenir, une idée féconde, une idée riche d'avenir. Les colons auraient eu là, sous les yeux, une école où ils auraient pu puiser d'utiles leçons, sans être dans l'obligation de faire des essais souvent ruineux, ou que leurs moyens pécuniaires ne leur permettent pas de tenter. Pourquoi faut-il que, chez nous, en fait de colonies, les plus utiles conceptions avortent aussitôt qu'on veut les faire passer à l'état de réalisation?

Au reste, le gouvernement n'a pas mieux réussi dans la gestion de ses propriétés particulières lorsqu'il a voulu les régir.

En fait de colonisation, le rôle de l'État doit se borner à indiquer le but, à prêter secours, et à imprimer la direction aux forces, en laissant à l'intérêt privé à féconder l'œuvre.

Quant au mode de procéder de l'industrie privée, il est certain que, si le travail à faire est simple et ne concerne qu'un seul intérêt, l'effort individuel peut suffire; mais si, au contraire, l'œuvre en embrasse plusieurs, qui, quoique distincts, se rencontrent néanmoins sur divers points communs, je crois aussi que l'action collective, agissant sous l'empire d'une même idée, est indispensable. Elle me paraît surtout indispensable lorsqu'une entreprise, comme l'exploitation des terres basses à la Guyane, ne peut s'accomplir qu'à la longue, par des efforts répétés et dirigés vers un même but; ce qui exige nécessairement suite, persévérance, force et unité continue dans la direction de l'ensemble et dans l'exécution des détails. Or, cette unité ne se concentre et ne se perpétue que dans la personne collective qui, liant les divers intérêts en faisceaux, n'en fait qu'un seul, et qui en outre ne meurt pas.

Ce sont ces motifs qui me feraient préférer l'action énergique de l'association à l'action toujours faible de l'individu. L'association est dans l'esprit du siècle, et c'est un progrès; car l'association, en multipliant les forces, peut seule produire de grandes choses et mener à terme les vastes entreprises. N'est-ce pas, en effet, par des compagnies qu'ont fleuri et que florissent encore l'Inde anglaise et la colonie hollandaise de Java, et qu'elles ont acquis ce développement prodigieux que nous leur connaissons? On ne peut mettre en doute l'efficacité du moyen ; elle est incontestable ; toute la difficulté est dans l'organisation [1].

Quel que soit le mode à adopter, de l'activité individuelle ou de l'activité collective, il est essentiel de soumettre cette activité à des règles et de lui

[1] M. Jules Lechevallier, à qui la Guyane doit de la reconnaissance pour avoir attiré un moment sur elle l'attention du gouvernement, avait proposé de confier à une compagnie le soin de développer la colonisation et de faire l'émancipation. Cette compagnie aurait racheté les propriétés particulières et aurait compté, au nombre de ses principaux sociétaires, les colons comme représentant une quote-part. L'État serait aussi intervenu dans cette combinaison, comme garant d'un minimum d'intérêts en cas d'insuffisance dans les revenus pour attribuer un dividende déterminé et pour parfaire ce dividende. Ce projet me paraissait reposer sur une bonne base, car il ne permettait pas à deux forces essentielles de rester indifférentes au succès. En effet, d'une part, la responsabilité de l'État, se traduisant par un chiffre porté au budget qui aurait été comme le thermomètre de la situation, aurait forcément appelé le contrôle des pouvoirs publics sur cette situation, et les aurait catégoriquement renseignés sur le mérite de la marche suivie. D'autre part, les colons, rassurés contre les chances d'une ruine complète et délivrés ainsi de préoccupations nuisibles à tout progrès, n'auraient eu aucun motif légitime pour ne pas s'engager dans la voie nouvelle, et auraient eu, au contraire, intérêt à redoubler d'énergie pour la féconder.

Aux sociétaires indiqués par M. Jules Lechevallier, j'aurais voulu qu'on ajoutât les ouvriers et tout individu qui aurait apporté à l'œuvre un concours quelconque. J'aurais associé complétement le capital, le travail et le talent : capital mobilier et immobilier, travail matériel et intellectuel. Tous, gérants, ouvriers, capitalistes bailleurs de fonds, capitalistes propriétaires d'usines et de terres, auraient été compris dans l'association au même titre, et dans des imposer un plan rationnel dont il lui soit interdit de s'écarter.

Mais, pour se mettre en mesure de marcher, il est nécessaire d'avoir des bras, et il n'est possible de s'en procurer que par l'immigration qui est

proportions déterminées. Tous aussi auraient été rétribués à la part, part soumise aux chances du rendement, et sans qu'aucun service pût être rétribué en dehors des revenus. Ainsi, point de résultat, point de rémunération; point de produit, point de salaire. Cette unité d'intérêt, en créant l'unité d'action, aurait fait converger vers le même but la plus forte somme d'efforts possibles.

Dans ces conditions, toute compagnie me semblerait présenter des chances de réussite et des garanties pour tous les intérêts.

Au reste, que la gestion de l'ensemble des intérêts de la colonie par une ou plusieurs compagnies, suivant qu'il serait plus ou moins convenable de les concentrer dans une seule main ou de les diviser en autant de fractions qu'il peut exister, dans les diverses localités, de groupes distincts d'intérêts homogènes ayant un lien commun, soit réalisable ou non, il me paraît indispensable d'introduire, dans l'exploitation, le principe de l'association pour arriver à un affranchissement définitif, à la liberté générale. Il faut de toute nécessité associer le maître et l'esclave, en attribuant à celui-ci, par l'organisation du *colonage partiaire*, une part en nature dans les bénéfices. S'il est, en effet, comme nous avons eu déjà occasion de le remarquer, un moyen efficace de développer le goût du travail, l'amour de la propriété, le sentiment de la famille et toutes les qualités qui offrent des garanties à la société et qui doivent caractériser l'homme libre, c'est la participation aux fruits. La rémunération à la part est incontestablement plus propre que le salaire quotidien pour atteindre ce but. Tout homme, en effet, porte en soi, avec le désir d'améliorer sa position et de s'élever, un principe de mouvement corrélatif qui ne lui permet pas de rester en repos. Cela étant, il est certain que son intelligence et son activité seront d'autant l'âme de l'œuvre. Il faut donc organiser cette immigration et tout le système. Or, cette immigration, en dehors des questions politiques qu'elle soulève, ne peut s'effectuer que par l'initiative et par l'aide de l'État. La colonie, en effet, n'a ni ressources ni crédit ; son avenir n'inspire et ne peut inspirer aucune confiance à ceux qui connaissent sa constitution intime ; et c'est le gouvernement seul qui peut, par une intervention positive, faire naître

plus surexcitées qu'il sera plus intéressé dans le résultat. — En même temps que ce mode de rétribution serait le meilleur stimulant pour le travail, il serait aussi le lien le plus fort pour attacher le noir au sol, le lui faire aimer et l'y fixer ; car le colon, en partageant le profit de la terre qu'il cultiverait de ses mains, s'accoutumerait à la considérer comme sienne, et s'identifierait avec elle. Cet attachement, cette identification lui donnerait, avec le désir de la posséder plus complétement, des habitudes régulières qui combattraient la vie nomade et feraient naître le besoin de la famille. C'est ainsi que successivement, peu à peu, les idées d'émulation, de stabilité, de prévoyance, d'économie, d'ordre, s'infiltreraient en lui et le rendraient digne d'une pleine liberté.

La mise à exécution de ce système ne présenterait aucune difficulté à la Guyane, car là les choses sont entières pour faire des études pratiques sur les rapports à établir entre le maître et l'ouvrier. Pour en faciliter la réalisation, au moment surtout où l'avenir des colonies n'offrant aucune confiance au crédit, il importe de réduire autant que possible le capital en numéraire de faisance valoir, et où il faut cependant assurer la subsistance de la masse, les noirs continueraient, comme par le passé, à cultiver, pour leur propre compte et en dehors de l'association, les plantes qui forment la base principale de leur alimentation.

cette confiance. De plus, pour être efficace, cette intervention ne doit pas se manifester par des paroles stériles, mais par des actes sérieux, concluants, harmoniques, qui témoignent d'une ferme volonté d'arriver à un résultat véritablement progressif et civilisateur. Il faut qu'il indique un but et qu'il le poursuive; il faut que, s'identifiant en quelque sorte avec les colons, il partage avec eux les chances d'une expérimentation qu'il impose, et qu'il en supporte d'autant plus la responsabilité qu'il est le maître de la diriger; il faut que, par une indemnité non équivoque et non dérisoire et qu'il serait inique d'éluder, il les préserve contre les dangers d'une ruine complète et qu'il s'assure ainsi leur concours; il faut enfin que, dans un intérêt général bien entendu, il alloue une somme annuelle pour introduire des engagés. Voilà les faits par lesquels le gouvernement doit montrer ses sympathies, et voilà les conditions dans lesquelles le système rénovateur doit se constituer.

CONCLUSION.

IL FAUT ENTRER DANS LA VOIE DE L'IMMIGRATION OU ABANDONNER LE PAYS.

Je l'ai dit en commençant, le mouvement du siècle ne permet pas aux colons, surtout aux colons de la Guyane, de rester stationnaires. Il faut aussi qu'ils se mettent en marche; mais leurs efforts ne doivent pas être aveugles, et on ne peut pas vouloir d'eux un concours inintelligent. Si, subordonnés par position, ils doivent se soumettre à une impulsion hiérarchique, il faut encore qu'ils sachent où on veut les conduire; il faut qu'ils sachent, à n'en pouvoir douter, que le but qu'on se propose d'atteindre est réellement progressif, qu'il est une amélioration positive et non pas une vaine parade. Cette conviction ne peut s'acquérir que par des actes du gouvernement qui témoignent de l'harmonie qui existe entre les faits et les intentions. C'est à ce cachet, c'est à ces marques distinctives qu'on reconnaîtra quel est le véritable esprit qui l'anime. Cela posé, pour juger de ce que l'on peut exiger raisonnablement des colons, et apprécier jusqu'à quel point les actes qui se sont produits jusqu'à ce jour peuvent leur inspirer de la confiance et commander leur adhésion, résumons la situation, déduisons-en les conséquences, et tirons de ce qui est, de ce qu'on devrait faire, la conclusion de la ligne à suivre, ce qui nous donnera la mesure de ce qui se fait.

S'il s'agit, pour la Guyane, d'accomplir un progrès commandé par l'humanité, il ne s'agit pas de l'accomplir uniquement dans l'ordre moral, mais aussi dans l'ordre matériel. Ce n'est pas à modifier les institutions, quant à l'esclavage et au régime disciplinaire, que l'action civilisatrice doit se borner; cette action doit embrasser encore l'ensemble des intérêts. Il faut émanciper, mais il faut aussi coloniser, et placer un édifice social là où il n'existe que des matériaux et à peine quelques masures. Or, on ne peut établir et consolider cet édifice que par l'immigration; car il est impossible d'émanciper sans coloniser, et de coloniser sans travailleurs recrutés au dehors. Émanciper sans combiner l'émancipation avec l'immigration, ce serait une œuvre morte, funeste à tous les intérêts. Ce ne serait pas un progrès, mais un pas rétrograde, un retour vers la barbarie. L'émancipation dans ces conditions serait, au point de vue des rapports avec la métropole, l'anéantissement de toute production, de toute denrée pouvant fournir un aliment au commerce et à la marine. Les conséquences de cet acte, au point de vue de la population elle-même, ne seraient pas moins déplorables. Que deviendrait, en effet, cette population affranchie de toute entrave, livrée à elle-même, apathique, indolente, sans souci du lendemain, et que rien ne stimulerait à faire le moindre effort pour développer ses facultés physiques, intellectuelles et morales? Elle deviendrait ce que sont les Indiens : elle retournerait à l'état sauvage, état ignoble, hideux, dégradé et dans lequel elle ne tarderait pas à perdre le peu que le sens religieux et le sens moral ont pu arracher à ses instincts grossiers. Comme eux, elle vivrait de la vie de la brute, sans autre règle de conduite en religion, en morale, en sociabilité que ses appétits[1]. Serait-ce là un progrès que l'on pourrait se proposer, et que la civilisation pourrait avouer? Poser la question, c'est la résoudre. L'émancipation peut bien être un auxiliaire de la colonisation; mais, seule, elle est impuissante à produire; seule, elle ne peut vivifier le pays; car, pour doter une population du bien-être moral, il faut d'abord la placer dans des conditions matérielles qui lui permettent de vivre et de profiter du bienfait dont on veut la gratifier; sinon, cette éducation de l'homme et cette réhabilitation de l'espèce humaine ne s'appliqueraient

[1] Mes opinions ne sont pas suspectes pour ceux qui me connaissent. Ils savent combien peu j'aime l'esclavage, et combien il est antipathique à mes sentiments, à mes idées, à mes convictions. Cependant, cette institution, toute mauvaise qu'elle est, je la préfère encore à l'état sauvage, à la vie indienne, à cette vie qui est la négation complète de toute religion, de toute morale, de toute société. Ce n'est peut-être pas trop exagérer que de dire que la condition de l'Indien ne s'éloigne guère de la condition de la bête fauve. Or, je ne suppose pas qu'il existe une fraction de l'espèce humaine, quelle que soit d'ailleurs sa manière de penser; qu'il y ait un parti, quels que soient ses principes, qui puisse la considérer comme une amélioration. Pour moi, un changement dans la formule sociale n'est un progrès, que si ce changement relève l'homme avili, et ne le fait pas descendre encore plus bas dans la dégradation. On peut différer d'avis sur le meilleur mode de gouvernement, mais un point sur lequel il est impossible de ne pas être d'accord, c'est la nécessité d'un ordre social quelconque.

qu'à un cadavre. L'émancipation ne serait qu'un prêtre pour exhorter l'agonisant à mourir, mais non pas un médecin pour l'aider à vivre, refaire son organisation, le constituer en force et en santé, et développer en lui toute l'énergie de ses forces morales et physiques.

Ainsi, point d'amélioration possible à la Guyane sans l'immigration, et tout acte qui ne tendrait qu'à affranchir, sans coloniser, serait une mauvaise mesure, une mesure désorganisatrice. Aussi, je n'hésite pas à le dire, à ce point de vue, la loi du 18 juillet 1845, sur le rachat forcé, ne pouvait pas avoir l'assentiment des colons; elle est, en effet, un non-sens, non-seulement en raison du but à atteindre, mais même en raison des intentions manifestées par le gouvernement de coloniser la Guyane. Que fait-elle, en effet, autre chose qu'enlever des bras à la culture, pour les envoyer dans la ville croupir dans la plus dégradante oisiveté [1]?

Eh bien, je le demande, cette manière de procéder est-elle en harmonie avec les vues qu'on dit avoir de développer le pays? Est-ce se mettre

[1] Il n'est pas à ma connaissance un seul affranchissement qui ait profité à l'agriculture.

d'accord avec ces vues que de diminuer la masse des cultivateurs, alors que la colonie manque de bras, et que la population agricole est hors de toute proportion avec les besoins des cultures, dans les limites mêmes de l'exploitation actuelle ; alors que tout souffre, que tout fonctionne péniblement par suite de cette pénurie? Est-ce conserver, améliorer, féconder cette riche terre que de lui retirer l'agent qui la vivifie, avant de s'être mis en mesure de le remplacer? C'est créer le mal, sans réaliser le bien; car le bien ne peut consister à rendre à la nature sauvage ce que la civilisation a conquis sur elle.

Que gagnent, au surplus, la morale et l'humanité à ces affranchissements partiels? Rien, car ce ne sont pas les plus méritants, les plus laborieux, ceux dont les mœurs sont le plus régulières, et sur qui pèse le plus l'esclavage, qui sont rachetés. Les affranchis par ce moyen sont, en général, ceux qui ont le moins de titres à jouir de ce bienfait : ce sont quelques hommes qui, pour la plupart, seraient fort embarrassés s'il fallait assigner à leur pécule une source honnête, morale, légitime ; ce sont quelques femmes dont on paye par le rachat les complaisances. Je ne sais si je me trompe, mais cette loi, sous ce rapport même, ne me paraît pas une amélioration, mais plutôt un encouragement, une prime à toutes les mauvaises passions. Je comprendrais une loi de rachat qui attribuerait la liberté comme rémunération du travail, et qui, faisant partie d'un système complet, fournirait en même temps les moyens de remplacer les bras que l'émancipation pourrait détourner des cultures; car une pareille loi serait morale, humaine, civilisatrice; mais je ne la comprends pas autrement, et sans des conditions qui présentent des garanties à la société[1].

Que l'État se préoccupe de la transformation sociale, je le conçois : c'est une question à résoudre, et il faut en prendre son parti. Mais affranchir sans accompagner cet acte d'une mesure conservatrice, c'est compromettre le travail, désorganiser, perdre la colonie. Ce que je dis là est évident pour tous ceux qui connaissent le pays. Le gouvernement lui-même ne l'ignore pas, car il est trop bien renseigné par les statistiques de toute nature qui lui arrivent journellement, pour ne pas être parfaitement au courant de la situation. Mais s'il est in-

[1] La disposition qui assujettit l'affranchi à justifier d'un engagement de cinq ans est une disposition purement comminatoire.

struit de ce qui s'y passe, que faut-il conclure de ses actes? Il faut en conclure, ou que sa politique est sans idée, et ne sait pas où elle va, en ce qui concerne la Guyane; ou, ce qui est plus probable, qu'elle est absorbée par des influences qui la forcent à marcher dans un sens contraire à ses convictions. Il est à craindre, en effet, que, lorsque tant d'exigences se disputent les débris de notre fortune coloniale, il n'obéisse à un système qui lui impose l'obligation de n'envisager qu'un côté d'un problème complexe, qui ne peut être scindé, et qui veut une solution d'ensemble; et que, par suite, il ne se préoccupe que de la question d'émancipation et néglige celle de colonisation, tandis qu'il importe de les aborder simultanément l'une et l'autre, si on n'est pas indifférent à l'avenir de cette possession. Voilà ce qui est à craindre, et ce que je redoute pour la Guyane.

En général, ceux qui ne veulent pas aller au fond des choses reprochent aux colons d'être ennemis systématiques de toute amélioration. Ces reproches ne sont pas fondés; on est injuste envers eux. On les croit fanatiques et arriérés, et l'on se trompe. En fait de réformes, ils ne repoussent que ce qui, sous le nom d'améliorations, ne serait qu'un leurre, qu'une déception, et ne ferait que compromettre la fortune privée, la fortune publique et la civilisation de la colonie. Placés dans une position qu'ils n'ont pas créée, qu'ils n'ont pas faite, et pour laquelle, s'il y a crime, il y a solidarité entre tous les membres de la société métropolitaine et de la société coloniale, ils défendent cette position en tant que les innovations, au lieu d'être un progrès réel, seraient une ruine pour les intérêts généraux et particuliers. Ce sont les tendances et les faits désorganisateurs qu'ils combattent, car c'est leur droit et leur devoir, comme intéressés dans la question au double titre de citoyens français et de propriétaires. Ils repoussent ce qui est un mensonge, et ils ne repoussent pas autre chose. Tout ce qui est négation, perturbation, bouleversement, ils n'en veulent pas, et ils ont raison; ce qui ne prouve nullement qu'ils se trouvent heureux du régime sous lequel la fatalité les a placés, et qu'ils l'estiment bon. Non, l'esclavage n'est pas de leur goût, et ils comprennent, au moins tout autant que les abolitionnistes les plus avancés, tout ce qu'il y a de vicieux, d'anormal, d'inique dans cette institution. Mais est-ce leur faute si leur destinée les a fait naître sous un ordre de choses qu'ils déplorent plus que personne, parce que plus que personne ils en comprennent les inconvénients et les tribulations? Est-ce leur faute si le progrès s'opère lentement et si les hommes et les institutions sociales n'arrivent pas d'un bond à la perfection? Est-ce leur faute si un moyen efficace de corriger le mal n'est pas encore trouvé, ou n'a pu encore être mis en pratique? Est-ce leur faute si tout le bien qu'on peut raisonnablement attendre des efforts combinés de la conscience, de la raison et de l'expérience du siècle n'est pas encore réalisé? Y a-t-il donc si longtemps que la question est à l'étude, pour qu'il y ait motif légitime de s'impatienter? et faut-il se jeter au hasard dans une route nouvelle, sans connaître le terrain sur lequel on a à opérer, les exigences de la localité, et au risque de semer partout l'anarchie et la ruine? Mais devons-nous donc oublier que, dans notre vieille Europe, nous sortons à peine des liens de l'enfance, et qu'à peine nous sommes affranchis! Devons-nous donc oublier que nous avons mis dix-huit siècles à mener la civilisation au point où elle est de nos jours ; que, dans ce long intervalle de temps, il n'y a guère que la nation française qui ait conquis la plénitude de ses droits; car je ne parle ni de l'Espagne ni du Portugal, où l'anarchie est organisée à chaque degré de l'échelle sociale. Je n'assimile même pas, sous ce rapport, l'Angleterre à la France où, quoi qu'on dise, au moins en principe, la liberté et l'égalité sont plus complètes que chez les Anglais. Quant aux autres États, ils sont, pour la plupart, privés de la presque totalité de leurs droits, et le servage règne encore au sein de la civilisation la plus avancée et marche côte à côte avec elle. A Dieu ne plaise qu'on puisse induire de là qu'il faut rester stationnaires et conserver l'ordre de choses actuel. Non, certes! mais il est impossible de méconnaître que l'humanité procède lentement dans le développement du progrès, et qu'il est périlleux de vouloir marcher plus vite que la nature des choses ne le comporte. Aussi, avant de s'aventurer dans une voie, est-il essentiel de bien réfléchir à ce que l'on veut et à ce que l'on peut faire pour rendre, sinon certaines, du moins probables, les chances d'arriver à bon port. Les colons sont si peu partisans de l'esclavage qu'il n'en est pas un seul, je ne crains pas de l'affirmer, qui n'accueillît avec empressement, qui ne reçût avec reconnaissance toute innovation qui garantirait l'ordre et le travail, et qui permettrait de continuer l'exploitation à des conditions raisonnables pour tous les intérêts. En dehors de cet ordre d'idées, toute réforme serait perturbatrice, antisociale, et l'on ne saurait les blâmer de ne pas l'admettre.

Tout système qui ne tendrait qu'à émanciper sans coloniser ne saurait convenir à la Guyane et ne serait pas acceptable; il ne faudrait donc pas s'étonner qu'elle ne marchât pas spontanément dans une voie qui la conduirait infailliblement à un anéantissement complet. Si elle était forcée de se placer sur ce terrain, faible, malheureuse, sans défense et sans sympathie, il faudrait bien sans doute qu'elle se résignât; mais, comme la victime qu'on ne consulte pas, et dont on étouffe les cris d'angoisse, elle suivrait le sacrificateur à l'autel pour l'expiation d'un crime qu'elle n'aurait pas commis seule; elle donnerait son sang, puisqu'elle y serait contrainte; mais c'est aussi tout ce qu'elle donnerait et tout ce qu'on pourrait exiger d'elle, car l'adhésion de la raison et de la conscience à une mesure ne se commande pas, et la raison et la conscience repoussent tout ce qui est irrationnel et illégitime.

Un système, au contraire, qui, en même temps qu'il émanciperait, ferait venir des travailleurs du dehors, trouverait tout accueil. La réalisation de ce système est l'espoir du pays et son ancre de salut; c'est aussi la seule solution possible à donner à l'ensemble de la question coloniale. Si le gouvernement a réellement à cœur de répandre la vie dans cette contrée, il ne peut y parvenir qu'en combinant un système d'immigration et d'émancipation successive; il faut de toute nécessité qu'il prenne les moyens d'y faire arriver des cultivateurs; car si, préoccupé exclusivement de l'abolition de l'esclavage, il se bornait à affranchir, je le dis avec conviction, il perdrait la colonie sans retour; et l'émancipation entre ses mains ne serait pas une œuvre régénératrice, mais une mission fatale, une mission de mort qu'il ne ferait qu'accomplir. Dans ce cas, il serait de son devoir de la compléter et de la remplir tout entière; et, comme la Guyane n'aurait jamais été qu'un fardeau pour la métropole et qu'elle serait sans avenir, dans l'intérêt de tous et pour éviter de nouveaux sacrifices inutiles, il faudrait en finir une fois et ne plus s'occuper d'elle. Il serait temps, en effet, de s'arrêter; car jusqu'à ce jour trop, beaucoup trop de capitaux et de victimes ont été engloutis dans ce gouffre sans profit pour l'humanité.

Là se bornent les observations que j'avais à faire sur l'ensemble de la question coloniale à la Guyane. Autant qu'il était en moi et dans la sphère où mon activité pouvait s'exercer, j'ai voulu indiquer quelles étaient les difficultés qu'elle présentait, et j'ai cherché en même temps à faire ressortir que, quel que fût le point de vue auquel on envisageât le problème, il n'y avait qu'un moyen de le résoudre, l'*immigration*. Mais ce mode de solution qui domine toute la réforme n'est pas entre les mains des colons, qui ne peuvent rien sans le concours et l'intervention de l'État, et dépend par cela même des vues du gouvernement sur cette colonie. Quelles sont ces vues?.... Il ne m'appartient pas de soulever ce coin du voile, et l'avenir et les actes pourront seuls nous révéler quelle est cette pensée intime.

Note additionnelle. — Le climat de la Guyane (c'est un préjugé très-répandu) passe pour malsain. L'expérience et les faits démontrent le contraire. Sans doute là où sont des marais et des eaux stagnantes, il se fait des exhalaisons pernicieuses ; mais à cet égard il n'y a rien de plus à la Guyane que dans les environs de Rochefort en France, dans les marais Pontins en Italie ; et cela n'a jamais fait dire que la France et l'Italie étaient insalubres. Sans doute aussi, quand dans la Guyane on abat des bois et remue la terre, on provoque des fièvres ; mais c'est la condition de tout pays ; et ici même, en France, avec des ouvriers français, le creusement d'un canal amène toujours des fièvres périodiques. En toute autre condition la Guyane est parfaitement saine, et elle jouit même d'une immunité singulière qu'elle partage avec toute la côte de l'Amérique méridionale, c'est qu'elle est exempte de la fièvre jaune, ce fléau si redoutable aux Antilles, au Mexique, aux États-Unis et même au Canada.

FIN.

TABLE.

PREMIÈRE PARTIE.

EXAMEN CRITIQUE DE LA COLONISATION.

CHAPITRE PREMIER.

TOPOGRAPHIE. — HISTOIRE. — SITUATION ACTUELLE.

CHAPITRE II.

VICES DE LA COLONISATION. — CONSÉQUENCES DE L'ORGANISATION MATÉRIELLE. — CONSÉQUENCES DE L'ORGANISATION POLITIQUE.

DEUXIÈME PARTIE.

DE LA RÉFORME ET DE L'IMMIGRATION COMME MOYEN DE RÉFORME.

CHAPITRE PREMIER.

CHAPITRE II.

FIN DE LA TABLE.

www.ingramcontent.com/pod-product-compliance
Ingram Content Group UK Ltd.
Pitfield, Milton Keynes, MK11 3LW, UK
UKHW012032240726
13965UKWH00002B/726